# 中国地方政府大数据运用

李文彬　编著

新华出版社

**图书在版编目（CIP）数据**

中国地方政府大数据运用 / 李文彬编著. — 北京：
新华出版社，2019. 3
ISBN 978 - 7 - 5166 - 4520 - 8

Ⅰ. ①中… Ⅱ. ①李… Ⅲ. ①数据处理 - 应用 - 地方
政府 - 行政管理 - 研究 - 中国 Ⅳ. ①D625 - 39

中国版本图书馆 CIP 数据核字（2019）第 043613 号

**中国地方政府大数据运用**

**作　　者**：李文彬

**责任编辑**：张　程　丁　勇　　**封面设计**：博克思文化

**出版发行**：新华出版社
**地　　址**：北京石景山区京原路 8 号　　**邮　　编**：100040
**网　　址**：http：//www. xinhuapub. com
**经　　销**：新华书店
**购书热线**：010 - 63077122　　**中国新闻书店购书电话**：010 - 63072012

**照　　排**：博克思文化
**印　　刷**：三河市华东印刷有限公司

**开　　本**：710 × 1000mm　1/16
**印　　张**：11　　**字　　数**：180 千字
**版　　次**：2019 年 4 月第一版　　**印　　次**：2019 年 4 月北京第一次印刷

**书　　号**：ISBN 978 - 7 - 5166 - 4520 - 8
**定　　价**：39. 80 元

# 序　言

大数据引发了人类思维方式和社会发展的深刻变化。自21世纪以来，随着互联网、物联网和传感技术的飞速发展，人类生产并储存了海量数据，随之迅速进入了数据驱动的社会。2008年，《自然》杂志刊登了名为“Big Data”的专刊，从多学科的视角系统分析了大数据所蕴含的潜在价值和挑战。2011年，麦肯锡公司发布了一份关于大数据的报告，第一次提出“大数据时代”已经到来。随着《大数据时代》的风靡全球，“大数据”作为一个时代的标志性概念登上历史舞台，并迅速成为政府和社会关注的焦点。大数据不仅代表了基于传统技术手段难以处理的海量数据，也代表了数据挖掘、比对与分析的新技术，更是代表了数据就是资源和生产力的新思维，预示着以数据为基础并追求可量化、精细化、可视化、预测性的政府管理和社会治理新时代的到来。

大数据战略已成为我国的国家发展战略。互联网和移动平台的普及，微博、微信运用的生活化，智能手机、平板电脑、智能手环、智能手表、智能汽车、智能电视以及摄像头、工业设备等终端的“物联网”数据无处不在，加上商业交易、医疗记录、在线社交等数据通过人、机和物的不断融合，源源不断产生并汇聚为互联网数据、智能手机数据和视频监控以及传感器数据的大数据洪流。这些大数据已经并日益对政府管理和社会治理产生重大而深远的影响，引起我国各级政府的高度重视。2015年9月，中国国务院印发了《促进大数据发展行动纲要》，对中国大数据的发展进行了顶层设计和统筹部署。2017年，习近平总书记在十九大报告中提到“加快建设制造强国，加快发展先进制造业，推动互联网、大数据、人工智能和实体经济深度融合”。2017年12月8日，习近平总书记在主持中共中央政治局集体学习时正式提出实施国家大数据战略。至此，以大数据技术来提升我国国家治理能力、治理水平的现代化，和促进国民经济的高质量发展，已被提升至国家层面的战略高度，影响深远。

我国地方政府运用大数据开展政府管理和提供公共服务的实践经验值得总结。“问渠那得清如许，为有源头活水来。”实施国家大数据战略和加快建设数字中国，需要我们全面深入地了解当前各地方政府的大数据建设、运用与发展现状，总结实践经验和分析存在问题。据不完全统计，仅2014—2016年间我国有超过17个省专门制定了促进本地大数据发展行动计划（纲要）政策，各省、市政府纷纷在使用大数据技术优化公共服务、改善社会管理、提升内部管理水平和促进经济发展等方面进行了探索实践。这也引起了国内外学者的广泛关注。虽然关于政府大数据的书籍不断涌现，但目前还没有学者对我国地方政府大数据运用与发展现状进行系统梳理和总结。这就是本书的“初心”所在，即广泛收集我国地方政府大数据发展行动计划（纲要）政策、大数据建设与运用大数据提升公共服务、社会管理、内部管理的水平和促进经济发展方面的实践案例，总结大数据建设与运用的实践经验，为地方政府进一步提升大数据建设与运用水平提供借鉴，也为学界了解和分析地方政府的大数据建设与发展状况提供若干样本。本书第一部分（第一章）对部分省、市政府的大数据发展行动计划（纲要）政策进行了分析，发现我国地方政府大数据的发展政策呈现长远性、综合性和宏观性的特点。第二部分（第二章～第七章）主要介绍了部分省、市利用大数据手段服务于精准扶贫、公共服务、交通管理、社会管理、政府内部管理和经济发展方面的案例并做了简要分析。第三部分（第八章）总结了地方政府大数据运用的地域分布和手段运用等方面的总体情况。

政府大数据的建设、运用与发展仍任重道远。我国地方政府大数据的建设与运用乃至以大数据驱动经济社会发展，均以数据公开、互通和共享为前提，各地虽也开展了政府基础数据公开与共享的探索实践，但囿于既有的数据割据和数据孤岛的格局，大数据在政府管理和社会治理以及经济发展中的作用还难以得到完全的发挥。大数据毕竟只是一种技术工具，其效用受制于既有法律框架和体制机制的约束。因此，试图凭借大数据这种技术手段来打破现存体制机制羁绊以提升公共管理与服务效果和效率的努力，仍任重道远。

# 目　录

# 第一章　地方政府大数据发展政策概况

2015 年 9 月，中国国务院印发了《促进大数据发展行动纲要》，对中国大数据的发展进行了顶层设计和统筹部署。在此之前，我国多个省、市制定了促进本地大数据发展行动计划（纲要）政策，主要内容涵盖大数据发展的总目标、阶段目标、主要任务和保障机制与措施。如广东省（2012 年）出台《广东省实施大数据战略工作方案》，上海市（2013 年）出台《上海推进大数据研究与发展三年行动计划（2013—2015 年）》。为此，对我国省、市政府出台的促进大数据发展政策进行分析，可以揭示我国地方大数据发展的目标、手段策略和政府在其中扮演的角色。

## 一、省级政府推动大数据发展的政策内容

通过网络搜集的方式，共收集到 17 个省级行政单位（含直辖市和自治区）出台的大数据发展政策文件。具体见表 1 - 1。

**表 1－1　我国省级行政单位制定的大数据发展政策文件一览表**

| 序号 | 省份 | 政策文件名称 | 颁布时间 |
|---|---|---|---|
| 1 | 重庆市 | 重庆市大数据行动计划 | 2013. 08. 05 |
| 2 | 贵州省 | 《关于加快大数据产业发展应用若干政策的意见》《贵州省大数据产业发展应用规划纲要（2014—2020 年）》 | 2014. 02. 25 |
| 3 | 青海省 | 关于促进云计算发展培育大数据产业实施意见 | 2015. 08. 10 |
| 4 | 安徽省 | 安徽省运用大数据加强对市场主体服务和监管实施方案的通知 | 2015. 10. 20 |
| 5 | 浙江省 | 浙江省促进大数据发展实施计划 | 2016. 03. 10 |
| 6 | 陕西省 | 陕西省大数据与云计算产业五年行动计划 | 2016. 06. 17 |
| 7 | 北京市 | 北京市大数据和云计算发展行动计划 | 2016. 08. 18 |
| 8 | 山东省 | 山东省人民政府关于促进大数据发展的意见 | 2016. 10. 24 |
| 9 | 云南省 | 云南省人民政府办公厅关于促进和规范健康医疗大数据应用发展的实施意见 | 2016. 11. 04 |
| 10 | 广东省 | 广东省促进大数据发展行动计划 | 2016. 4. 22 |
| 11 | 上海市 | 上海市大数据发展实施意见 | 2016. 9. 15 |
| 12 | 江苏省 | 江苏省大数据发展行动计划 | 2017. 01. 03 |
| 13 | 河北省 | 关于加快发展“大智移云”的指导意见 | 2017. 03. 02 |
| 14 | 山西省 | 山西省大数据发展规划 | 2017. 03. 13 |
| 15 | 海南省 | 海南省促进大数据发展实施方案 | 2017. 03. 31 |
| 16 | 云南省 | 云南省人民政府办公厅关于重点行业和领域大数据开放开发工作的指导意见 | 2017. 07. 06 |
| 17 | 河南省 | 《河南省云计算和大数据“十三五”发展规划》 | 2017. 06. 21 |

通过对政策内容的结构分析发现，各省的大数据发展政策一般包含政策目标、政策任务和政策保障措施共三部分。政策目标主要侧重于通过大数据来促进相关产业的发展，推动政府数据的开放与使用，从而提升社会治理的效率和效果。为实现这一政策目标，各地的所采取的政策手段包括加强大数据基础设施建设，加大政府数据共享与开放，建设大数据相关的产业园区等。同时，政府在财政资金支持、人才引进和体制机制方面予以保障。

## （一）政策目标

通过对省级行政单位（含直辖市和自治区）出台的大数据发展政策文件中

关于政策目标的内容进行分析，发现其政策目标涵盖发展大数据产业、推动数据共享开放和利用大数据提升社会治理水平三个方面。

一是发展大数据产业。广东省计划打造全国数据应用先导区和大数据创业创新集聚区，抢占数据产业发展高地，建成具有国际竞争力的国家大数据综合试验区。陕西省计划到2021年，西安市大数据产业体系基本健全，业务链条较为齐备，科技创新能力显著增强，安全保障能力日益完善。研发一批具有自主知识产权、达到国内领先水平的新技术和新产品；实施一批汇聚区域乃至全国行业数据资源的大数据平台和示范项目；开发一批服务体系完善、集聚效应明显的重点领域大数据应用；培育一批具有较高知名度和影响力的大数据技术研发、数据分析、挖掘和服务等方面的龙头企业。全市大数据产业达到1000亿规模，相关产品和服务销售收入超过3000亿元。贵州省提出，到2017年，形成1—2个大数据产业示范园区，引进和培育30户大数据龙头企业，聚集500户创新型大数据相关企业，通过大数据带动相关产业规模达3000亿元，引进大数据领军人才100名，引进和培养高端人才5000名，建成全国领先的大数据资源中心和大数据应用服务示范基地。

二是推动数据共享开放。河北省指出，到2020年，建成全省医疗卫生信息分级开放应用平台，实现与人口、法人、空间地理等基础数据资源跨部门、跨区域共享，医疗、医药、医保和健康相关领域数据融合应用取得明显成效；统筹区域布局，依托现有资源在全省建成5个区域临床医学数据示范中心，基本实现城乡居民拥有规范化的电子健康档案和功能完备的健康卡，基本建立健康医疗大数据应用发展模式。同时，推动大数据等技术与健康医疗服务的深度融合，带动基因检测和智能健康制造、可穿戴医疗设备等快速发展。山西省提出，将数据资源共享开放逐渐深化，政务数据资源得到有效整合，社会大数据资源集聚共享态势基本形成。大数据示范应用成效显现，政务云应用率先取得突破，公共安全、文化旅游、健康医疗、交通物流等重点领域大数据应用平台全面建成。大数据安全保障能力明显增强，数据安全保障制度和体系初步建立。浙江省计划到2017年底，初步形成全省统一、共建共享的政府数据基础设施平台，全省人口、法人单位、自然资源和空间地理、宏观经济等基础信息数据库全面建成。到2020年底，适应大数据发展需要的地方性法规和政策体系、标准规范基本完善，政府数据管理体制机制基本健全，各级政府数据实现集中管理，政府数据依法依规全面共享和开放。

三是以大数据提升社会治理水平。安徽省按照国家决策和部署，以社会信用体系建设为核心，强化政府信息公开和数据开放，推进社会信息资源有序共享，提高大数据归集运用能力，促进简政放权和政府职能转变，提升政府服务水平和监管效率，维护市场正常秩序，释放市场主体活力，构建公平诚信的市场环境。上海市计划到2020年，基本形成数据观念意识强、数据采集汇聚能力大、共享开放程度高、分析挖掘应用广的大数据发展格局，大数据对创新社会治理、推动经济转型升级、提升科技创新能力作用显著。天津市打算提高大数据运用能力，增强政府服务和监管的有效性；推动简政放权和政府职能转变，促进市场主体依法诚信经营；提高政府服务水平和监管效率，降低服务和监管成本；政府监管和社会监督有机结合，构建全方位的市场监管体系。

## （二）政策手段

通过对17个省级行政单位（含直辖市和自治区）出台的大数据发展政策文件中和主要任务进行内容分析，发现其主要涵盖以下四个方面。一是加强大数据基础设施建设。包括统筹信息基础设施建设、构建统一数据资源中心、提升数据中心服务能力、建立数据灾备中心。二是加快推进政府部门数据开放共享。包括加快政务数据共享开放、鼓励社会数据共享共用、引导商业数据交易流通。三是建设社会治理大数据应用体系。包括打造公共安全大数据应用体系、推进综合治理大数据应用、推进行政执法大数据应用、加强对市场主体的服务和监管、推动社会信用体系建设和应用。四是推动大数据产业发展。包括合理布局大数据产业、打造大数据核心集聚区、构建大数据技术创新体系、构建产业研究体系、创新投融资机制。

第一，加强大数据基础设施建设。广东省提出统筹规划大数据基础设施建设。建设政务大数据基础平台。建设全省统一的电子政务数据中心，搭建省、市电子政务云平台，承载省网上办事大厅、市场监管信息平台等公共应用以及卫生健康云、教育云、文化云、版权云、气象云等重要政务应用。建设社会大数据公共服务平台。发挥大型互联网企业和基础电信企业的技术、资源优势，合理布局和集约化建设企业数据中心，重点推进国家绿色数据中心试点建设。建设高水平的大数据研究创新平台。支持企业联合高校及相关研究机构，建设一批大数据企业技术中心、工程（技术）研究中心、重点实验室和应用中心，开展大数据关键技术、解决方案等研究。

江苏省提出统筹信息基础设施建设。以提升大数据获取、传输、存储、处理能力为目标，加快宽带江苏、无线江苏、高清江苏等信息基础设施工程建设，推进三网融合普及。支持具备条件的高新区、开发区及大中型骨干企业建设基于“云+网+端”（工业云、工业互联网、工业信息终端）三级构架的工业信息基础设施，支持电信运营商、IT企业和工业企业开展“企企通”工程建设与合作。加快建设城市传感网络，支持传感器、智能可穿戴设备等数据采集设备的应用推广。制定城市交通、环保、地下管网、隧道桥梁等基础信息及社区家庭水、电、煤气等数据采集和接口规范。

北京市提出夯实大数据和云计算发展基础。建设高速宽带网络，加快建设“全光网示范城市”，积极发展移动互联网和新一代移动通信，实现第四代移动通信（4G）网络全覆盖，在北京城市副中心、2019北京世园会园区、北京新机场、2022年冬奥会场馆等率先开展第五代移动通信（5G）网络商用示范。建设城市物联传感“一张网”。加强对传感器、摄像头、电子标签等物联网感知设备的统筹布局和共建共享，对城市运行保障、生态资源环境等状况实施全方位实时监测和感知。全面推广智能停车场、多功能路灯杆等物联感知集成载体应用，实现各类感知信息的汇聚共享和整合应用。建设全市统一的基础公共云平台。积极推进市级政务云服务模块化，持续提升政务云服务功能，推动市级各部门的应用系统逐步迁移到市级政务云。建设大数据和云计算协同创新平台。支持北京大数据研究院建设，鼓励其研制大数据相关标准和规范。建设大数据和云计算创新创业服务平台。重点在中关村国家自主创新示范区、北京经济技术开发区等产业聚集区建设一批大数据和云计算创新创业平台，支持互联网龙头企业构建数据创客空间。建设大数据交易汇聚中心。健全数据交易流通的市场化机制，加快北京市大数据交易中心建设，创制数据确权、数据资产、数据服务等交易标准，完善数据交易流通的定价、结算、质量认证等服务体系，规范交易行为，开展规模化的数据交易服务，吸引国内数据在本市流通交易。

枣庄市提出，开展示范应用，提高融合发展水平：促进食品药品安全大数据发展应用，实施食品药品安全“智慧监管”示范工程，整合全省食品药品监管机构数据。促进住房城乡建设大数据应用，构建住房城乡建设领域大数据库。促进警务大数据发展应用，建设完善全省统一的警务大数据云平台，汇聚全省各类警务、旅游、交通、教育、人力资源社会保障、卫生计生、住房城乡建设、民政、通信、邮政、工商、税务、银行、保险等部门数据资源。促进健康医疗大数据发展应用，构建统一开放的居民电子健康档案和电子病历、体质监测数据库。促进就业及社会保障大数据发展应用，实施就业和社会保障大数据应用示范工程，支撑大众创业、万众创新。开展大数据在社会保险方面的应用，对全省各项社会保险数据进行分析，对政策调整将出现的效果进行仿真测算，提高科学决策水平。促进教育大数据发展应用，建设覆盖全省各级教育行政部门和各类教育机构的教育公共管理平台和教育资源平台相融合的云服务体系。促进交通大数据发展应用，加快构建山东智能交通运输监管服务云平台，实现省市数据联网，推进与公安、工商等部门的信息资源共享。促进旅游大数据发展应用，推动旅游、公安、交通、铁路民航、文化等部门和单位的数据资源共享，建设全省统一的旅游大数据应用平台。促进民政大数据发展应用，建设全省民政大数据分析云服务平台，开展对互联网数据的实时监控、抓取和分析利用，建立民政网络舆情监控机制。促进商贸流通大数据发展应用，构建全省商贸大数据资源库和应用平台，全面提升商贸流通数据采集处理能力和共享使用水平。加快海洋大数据发展应用。促进农业大数据发展应用，整合农业、水利、林业、畜牧等方面数据资源，构建山东农业大数据云平台，推动农业大数据共享开放。

第二，加快推进政府部门数据开放共享。山西省指出推动开放共享，构建政务服务新机制。积极开展政务云应用。以政府购买云平台服务为牵引，构建规模适度、集约集聚、功能强大的电子政务软硬件支撑体系，逐步推动各级政府部门信息平台和信息系统迁入云平台。推动政府数据资源共享开放。破除部门数据壁垒，打破现行体制机制障碍，建立健全政务基础信息资源共建共享应用机制，依托政府数据统一共享交换平台，加快推进跨部门、跨层级数据资源共享共用。构建电子政务集约化建设运维体系。采取市场化运作、公司化治理模式，以“服务商建设运营、政府购买服务”的方式，构建政务云平台建设、管理、运营和服务体系。政务云平台提供商（政务云平台投资建设方）负责投资建设云计算和大数据中心，提供基础性、公共性信息化服务应用。

海南省提出推进政府数据共享开放。建设和完善大数据采集体系。加强对政府部门和事业单位数据的统筹管理，明确各部门数据共享的范围边界和使用方式，厘清数据管理及共享的义务和权利。推进政府数据资源共享。建立和完善部门间数据共享应用机制，在人口、法人、空间地理、宏观经济等基础数据库的基础上，整合现有信息系统和行业应用数据，形成主题数据库，实现基础数据库、各领域行业应用数据库和主题数据库的信息资源汇聚整合和关联应用。推动公共数据资源开放。建立政府部门和事业单位等公共机构数据资源目录，制定实施政府数据开放共享标准和开放计划，出台政府数据对社会开放目录，实行公共数据开放负面清单制度，除法律法规另有规定外，公共数据应当向社会开放。新疆维吾尔自治区计划推进政府和社会信息资源开放共享。进一步加大政府信息公开和数据开放力度。全面贯彻政府信息公开条例和政府信息资源共享开放办法，推动政府数据资源共享。制定政府数据资源共享管理办法，整合政府部门公共数据资源，促进互联互通，提高共享能力，提升政府数据的一致性和准确性。2017 年底前，明确各部门数据共享的范围边界和使用方式，跨部门数据资源共享共用格局基本形成。大力推进市场主体信息公示。2016 年底前，依照《企业信息公示暂行条例》（国务院令第 654 号），加快实施经营异常名录制度和严重违法失信企业名单制度。支持探索开展社会化的信用信息公示服务。依托“信用中国”网站，归集整合各地、自治区各有关部门掌握的应向社会公开的信用信息，尽快完成“信用新疆”网站建设，实现信用信息一站式查询，方便社会了解市场主体信用状况。积极推进政府内部信息交换共享。打破信息的地区封锁和部门分割，充分利用已建的各类基础信息资源和共享交换平台，推动信息共享和整合，促进各地、自治区各有关部门已建、在建信息系统实现互联互通和信息交换共享。有序推进全社会信息资源开放共享。支持征信机构依法采集市场交易和社会交往中的信用信息，支持互联网企业、行业组织、新闻媒体、科研机构等社会力量依法采集相关信息。

第三，建设社会治理大数据应用体系。河北省计划推进健康医疗大数据深化应用。推进健康医疗行业治理大数据应用。综合运用医疗健康大数据资源和信息技术手段，加强对医疗卫生服务和居民健康状况等重要数据的精准统计和预测评价，为推进健康医疗行业治理和深化医药卫生体制改革提供支撑。推进健康医疗临床和科研大数据应用。建立单病种诊疗知识库，提供病案查询服务，通过病人的电子病历、用药与病人就诊行为分析，进行最佳治疗途径分析与治疗方案选择。推进公共卫生健康医疗大数据应用。整合公共信息资源，构建包括全员人口信息、电子健康档案、电子病历以及法人单位、自然资源、空间地理信息和环境卫生、饮用水、健康危害因素、口岸医学媒介生物、核生化等多方监测数据的健康医疗大数据。推进中医药大数据应用。建设中医临床数据示范中心，研究整理名老中医临床经验，建立不同疾病的中医诊疗知识库、模型库，挖掘发挥中医药养生保健、亚健康管理、治疗疑难杂症的潜力。推进计划生育管理大数据应用。建立动态管理的全员人口数据库，完善出生人口信息采集和部门共享机制，实现流动人口服务管理跨地域业务协同，强化伤残失独家庭和计划生育家庭信息采集和统计分析，为人口监测预警提供依据。培育健康医疗大数据应用新业态。加强健康医疗海量数据存储清洗、分析挖掘、安全隐私保护等关键技术攻关。推动“互联网+健康医疗”服务。发展智慧健康医疗便民惠民服务。根据国家健康医疗信息惠民行动计划，鼓励社会力量参与，整合线上线下资源，利用移动互联技术跨界整合医院、医生、医药、资金、技术等资源，让健康数据“多跑路”，让人民群众“少跑腿”，探索互联网健康医疗服务模式。

安徽省计划加快培育和发展社会化征信服务，推动征信机构依法开展征信业务。支持征信机构与政府、企事业单位、社会组织等深入合作，建立以自然人、法人和其他组织为对象的征信系统，依法采集、整理、加工和保存市场主体信用信息，建立覆盖经济社会各领域、各环节的市场主体信用记录。引导征信机构根据市场需求，创新信用服务和产品，进一步扩大信用报告在行政管理和公共服务及银行、证券、保险等领域的应用。大力培育发展信用服务业。鼓励发展信用咨询、信用评估、信用担保和信用保险等信用服务业。制定扶持信用服务业发展的政策措施，对符合条件的信用服务机构，按有关规定享受国家和地方关于现代服务业和高新技术产业的各项优惠政策。加强信用服务市场监管，提高信用服务行业的市场公信力和社会影响力。

陕西省计划启动大数据应用示范工程。在民生服务、城市运营、信用体系、工业运行、社会管理、数据交易等领域率先实施应用示范项目，实现大数据汇聚整合，探索新的商业模式，及时总结推广。社会公共服务一卡通项目以社会公共服务卡（居民健康卡）为载体，推进金融 IC 卡、市民卡、公交地铁卡、旅游消费卡等应用集成和一卡通用，实现与财政惠民卡、社会保障卡互联互通。西安市城市运营大数据中心项目。以西安城市投资集团为牵头单位，汇集供水、供气、供热、一卡通、出租、公交、地铁、公共自行车、公共停车、市政道路等城市运行数据，进行综合分析，提升城市运行质量，优化城市功能，改进城市服务。项目主要包括城市运行数据汇聚、数据分析挖掘、城市运行一张图等，为城市规划决策、社会管理和公共服务提供数据支撑。信用信息平台及服务项目。扩充完善陕西省公共信用信息平台的各项管理和应用服务功能，全面归集整合各级政府部门在履行职责中形成或掌握的信用信息，实现各地区、各部门信用信息互联共享。工业企业大数据动态监测项目。利用陕西工业数据库，加强与统计、电力、税务、银行等部门企业数据共享、关联比对和分析，充分挖掘企业动态数据价值，改进提升经济运行监测、预测和风险预警，带动工业大数据相关产业发展。公共场所群体行为大数据分析项目，建设基于移动终端位置信息的群体行为分析系统，形成人群位置信息、人口空间分布信息的海量数据，满足社会治安综合治理中公共场所群体行为分析需求，并为城市规划、社会资源优化配置、公共场所和产业布局、智能交通、智慧旅游、精准营销、商业应用等提供新的技术手段和发展机遇，带动相关产业融合和数据汇集。

第四，推动大数据产业发展。青海省计划推进云计算平台建设，促进信息产业发展。加快推进云计算服务，培育信息产业新业态。探索基于云计算的电子政务建设运行新机制，建成覆盖省、市（州）、县（区）的电子政务系统交换体系，有效提升政府决策水平和服务能力。加快“两化”深度融合，完善提升产业链。围绕信息产业园区、国家新型工业化产业示范基地建设和大数据应用，推动工业互联网、智能制造实施进度。加快培育市场主体，以应用促发展。认真贯彻落实省政府《关于进一步加快培育和发展市场主体的意见》（青政〔2015〕33号），加大培育大数据外包服务，积极引导企业面向国内外数据市场，承接大数据外包业务。强化招商引资，加快信息产业园建设。围绕大数据中心建设和

“云”工程应用、产业链培育，组建专门招商团队，采取精准招商和专业招商，积极引进阿里巴巴、百度等大型数据中心和国内电子百强企业落户我省，推进大数据基础设施和信息资源共建共享模式。

重庆市加快大数据产业发展。统筹全市产业发展，通过引进行业领先企业与培育本地企业相结合的模式，完善大数据生态产业链，科学规划大数据产业布局，打造特色鲜明的大数据产业基地。完善大数据生态产业链。推进云计算数据中心集群建设，开展数据存储服务，形成数据资源洼地。支持有较强集成能力的信息提供商建设大数据服务平台，提供大数据分析公共支撑“软件包”及重点领域应用“软件包”等集成共享服务。建设大数据产业基地。加快推进两江国际云计算产业园高品质数据中心建设，形成100万台服务器运算能力的数据中心集群，集聚一批大数据存储、分析、应用、加工等服务企业，提供面向政务、商贸、金融等领域的大数据应用服务，打造国家级大数据产业基地。

山东省计划推动创新集聚发展，完善大数据产业链条。开展大数据试验示范。规划建设济南市高新区、青岛市黄岛区两个省级大数据综合试验示范区，支持推动青岛市黄岛区争创国家大数据综合试验区，在大数据、云计算及相关应用领域组织实施一批行业应用示范项目。建设一批大数据应用示范中心和网上展示平台，收集山东大数据发展典型案例，展示大数据典型应用成果，开展对外服务、宣传交流和应用推广。建设大数据产业基地。优化产业布局，支持济南、青岛、潍坊、泰安、济宁、威海、临沂等市规划建设基础设施完备、配套要素齐全的区域性大数据产业基地。实施大企业和大项目带动计划。吸引有实力的国内外大数据企业落户山东，建设大数据应用示范中心、人才实训基地或产业园区，培育形成10家国内领先的大数据核心龙头企业。培育一批国际知名品牌，带动上下游集群化、协同式发展，引领重点行业快速发展。建立完善研发生产体系。鼓励大数据企业依托国家超级计算济南中心等综合性云计算平台软硬件条件，开展数据存储、数据分析处理、数据可视化、数据安全等核心领域的技术产品研发，提高在全球大数据发展中的话语权。组建山东省大数据产业创新联盟，汇聚政、产、学、研、用各方资源，推进大数据相关理论研究、技术研发、数据共享、应用推广，建立大数据技术、产业和应用生态体系。完善大数据产品体系，着力发展海量数据存储与管理、大数据分析挖掘、数据可视化软件，以及高性能服务器、海量数据存储设备、大数据一体机、视频处理芯片等具有自主知识产权的大数据软硬件产品。

## （三）政策保障措施

通过对17个省级行政单位大数据发展政策文件中的政策保障措施进行内容分析，发现其主要涵盖以下五个方面。

第一，加强组织领导协调。江苏省计划建立协调机制。在省信息化工作领导小组领导下，设立大数据发展办公室，负责拟定并组织实施大数据发展规划、计划和政策措施，统筹推进全省大数据发展。办公室设在省经济和信息化委，省经济和信息化委员会同省发展和改革委员会承担办公室的日常工作。成立省大数据发展专家咨询委员会，加强发展战略和重大问题研究，为全省大数据发展提供决策支持。各市、县（市、区）要将大数据发展纳入本地区经济社会和城镇化发展规划，建立相应的工作推进机制，突出区域特色，强化责任落实，共同推动全省大数据持续健康发展。

上海市指出，要建立市经信委、市发改委、市政府办公厅、市网信办、市科委、市商务委牵头，相关部门、单位参与的联席会议，统筹协调本市大数据发展，推动形成职责明晰、协同推进的工作格局。联席会议负责统筹规划、组织实施本市大数据战略，决定大数据发展的重大事项，协调推进跨部门、跨系统、跨区域数据资源共享。建设国家级大数据综合试验区，推动上海大数据联盟发展，深化长三角交流合作，共建区域大数据产业发展生态。发挥大数据相关自律组织和功能性机构作用，加强服务创新和行业自律，促进行业健康发展。

河北省提出，要加强组织领导。建立由分管副省长任召集人，省有关部门负责同志为成员的省健康医疗大数据应用发展联席会议制度，统筹协调全省健康医疗大数据应用发展工作，研究提出促进健康医疗大数据应用发展的具体政策措施。联席会议成员单位按照职能分工，加强沟通、密切配合，形成合力。各市、县（市、区）政府要将健康医疗大数据应用发展纳入经济社会发展规划，建立相应组织，加强协调，及时制定配套措施，抓好政策落实，形成政策叠加效应。探索建立省级专家委员会，组织研究发展战略及相关政策和标准。

第二，加大财政投入和融资扶持力度。山东省提出充分发挥省级股权投资引导基金作用，吸引社会资本采取股权投资等方式参与大数据发展应用，重点支持大数据核心技术攻关、关键设备和产品制造、产业链构建、重大应用示范和公共服务平台建设等。拓宽融资渠道，鼓励金融机构和融资担保、小额贷款、民间融资机构等地方性金融组织创新金融产品，支持大数据发展应用。支持符合条件的企业在资本市场直接融资。推动支持极客、创客开发大数据增值利用，对于初创企业实行数据减免费政策，自公司注册之日起 3 年内、自用政府数据免除使用费。拓展政府向社会力量购买服务指导目录，优先将大数据及相关服务纳入政府购买服务范围，鼓励政府部门积极购买使用。

上海市提出制定完善财政投入、采购、投资、创新、重大项目和人才队伍建设等政策支撑体系，推动形成大数据产业链。各市财政专项资金应加大对大数据发展的支持力度，支持鼓励成立大数据产业基金，引导金融资本、产业资本和其他社会资本加大对大数据发展的投入。支持大数据产业基地建设，以园区为载体推动政策、资金、创业服务等的聚焦。鼓励各区县制定扶持大数据发展的专项政策。

青海省指出，需统筹安排信息服务专项资金，优化资金使用方式，对大数据产品和解决方案市场化推广、大数据应用示范工程、通信基础设施建设工程、大数据外包服务等项目予以重点支持。加大对大数据重点项目在电力、用地、财税、融资等方面的支持力度，支持云计算和大数据中心用电在执行大工业直供电价的基础上给予优惠。对云计算数据中心项目用地优先列入城市建设规划、土地利用总体规划和年度计划，优先保障土地供应，享受省内平均最低价格。省内基础电信运营企业要积极向上级公司争取政策和项目支持，为云计算大数据基地提供高速低费的宽带接入服务。

第三，加快制定相关政策法规。广东省提出要加大政策支持力度，统筹省工业和信息化发展专项资金支持大数据产业发展。2016—2020 年，省财政每年安排专项资金，支持省电子政务数据中心建设。创新符合大数据企业需求特点的金融产品和服务方式，创造良好融资环境。加大对省大数据重点项目在项目核准、财税优惠、用地保障、电力保障、经费保障等方面的支持力度。对符合条件的大数据骨干企业给予大型骨干企业相关政策支持。粤东西北地区及江门、肇庆、惠州等地符合条件的大数据产业园可享受省产业转移工业园政策。完善政府采购大数据服务、大数据知识产权保护等政策。山东省提出积极推进大数据发展条例制定工作。研究制定信息资源共享和开放标准，建立健全大数据采集、管理、开放、应用等标准规范，对共享开放的方式、内容、对象进行规范。组织开展大数据标准验证和应用试点示范，推动完善标准服务、评测、监督体系，在应用中不断提升标准水平。山西省指出要完善法规制度标准。推进大数据地方立法工作，出台《山西省大数据发展应用促进办法》，建立大数据共享机制和绩效考核机制，建立负面清单，推动全省各市、各部门数据有序开放。围绕数据资源集聚、共享、开放等，研究制订数据采集及分级分类标准、政府数据共享标准、数据交换标准、政府及公共数据开放与统计标准，对共享开放的方式、内容、对象、条件等进行规范。积极参与大数据关键共性技术国际标准、国家标准、行业标准的制（修）订，并做好贯彻实施工作。推进大数据产业标准体系建设，探索建立大数据市场交易标准体系。

第四，提高数据安全保障能力。安徽省指出要保护网络和信息安全。落实国家信息安全等级保护制度要求，加强对涉及国家安全重要数据的管理，加强对大数据相关技术、设备和服务提供商的风险评估和安全管理。加大网络和信息安全技术研发和资金投入，建立健全信息安全保障体系。采取必要的管理和技术手段，切实保护国家以及公民、法人和其他组织信息安全。河北省指出要加强关键信息基础设施安全保障。建立健全网络安全责任制，严格落实信息安全等级保护制度，完善安全防护措施，加强对重要信息技术产品和服务的技术测评和安全审查，提高网络管理水平，完善网络治理体系，增强网络空间安全防御能力。加强网络信息安全技术支撑。建立覆盖全面、整体联动、反应迅速的网络安全监测预警机制，提升全天候全方位感知网络安全态势能力。充分发挥密码在保障网络安全和信息化中的支撑作用，推进安全可控密码技术在经济社会各领域中的深入广泛应用，有效应对安全风险，切实增强安全可控能力。

贵州省提出，强化信息安全保障。建立集中统一的信息安全保障管理体制，由贵州省数据资源管理办公室统筹信息安全保障体系建设。加快制定信息采集和管控、敏感数据管理、数据交换、个人隐私、数据权益和合理利用等领域的大数据地方性法规和政府规章，明确大数据采集、使用、开放等环节涉及信息安全的范围、要求和责任。探索建设面向政府信息采集和管控、敏感数据管理、数据交换标准和规则、个人隐私等领域的大数据安全保障制度，明确大数据采集、使用、开放等环节涉及信息安全的范围、要求和责任，确保国家利益、社会安全、商业秘密、个人隐私等信息不受侵犯。

第五，加强智库与人才队伍建设。浙江省提出，要建立人才培养体系。创新人才培养模式，建立健全多层次、多类型的大数据人才培养体系，培育大数据技术和应用创新型人才。鼓励高等院校设置数据科学和数据工程相关专业，重点培养具有统计分析、计算机技术、经济管理等多学科知识的跨界复合型人才。推动各级政府部门、公用企事业单位、行业龙头企业为我省高等院校、科研院所批量提供数据资源，支持大数据科研和人才培养。鼓励校企合作，加强职业技能人才培养。开展大数据知识全民普及和教育培训，提高社会整体认知和应用水平。完善配套措施，积极引进海外高层次大数据人才和领军团队来浙江就业创业。

天津市计划加强人才队伍建设。鼓励高校、人力资源服务机构和企业培养跨界复合型、应用创新型大数据专业人才，完善大数据技术、管理和服务人才培养体系。加强政府工作人员培训，增强运用大数据能力。北京市指出培养高端专业人才。鼓励市属高校、研究机构、中介组织等加强对大数据和云计算专业型、创新型、复合型人才的培养，建立人才激励机制，营造有利于人才创新发展的环境。积极推进大数据和云计算相关国际交流与合作，引进国际顶尖人才团队。引导企业与国际领先企业加强关键技术、产品的研发合作，支持企业参与全球市场竞争。

## 二、市政府推动大数据发展的政策内容

通过网络搜集的方式，共收集到 34 个地级或以上市政府出台的大数据发展政策文件。具体见表 1－2。

**表1－2　我国市级行政单位制定的大数据发展政策文件一览表**

| 序号 | 地名 | 政策文件名称 | 颁布时间 |
|---|---|---|---|
| 1 | 天津滨海新区 | 《滨海新区大数据行动方案（2013—2015）》 | 2013.11.12 |
| 2 | 贵阳市 | 关于加快发展大数据产业的实施意见 | 2014.05.19 |
| 3 | 武汉市 | 市人民政府办公厅关于印发武汉市大数据产业发展行动计划（2014—2018年）的通知 | 2014.10.10 |
| 4 | 镇江市 | 镇江市大数据产业发展战略规 | 2014.10.21 |
| 5 | 咸阳市 | 促进大数据发展行动纲要 | 2015.08.19 |
| 6 | 承德市 | 《关于加快推进大数据产业发展的实施意见》 | 2015.08.20 |
| 7 | 黔东南州 | 黔东南州大数据产业发展三年行动计划（2016—2018年） | 2016.01.25 |
| 8 | 盐城市 | 关于推进大数据产业发展的实施意见 | 2016.02.23 |
| 9 | 嘉峪关市 | 嘉峪关市贯彻《甘肃省加快大数据、云平台建设促进信息产业发展实施方案》的意见 | 2016.05.10 |
| 10 | 廊坊市 | 《廊坊市大数据产业发展规划纲要》 | 2016.05.24 |
| 11 | 本溪市 | 对本溪发展大数据产业的建议 | 2016.06.15 |
| 12 | 泰安市 | 泰安市人民政府办公室关于加快推进云计算和大数据创新发展的实施意见 | 2016.07.06 |
| 13 | 延安市 | 《延安大数据产业发展规划》 | 2016.07.25 |
| 14 | 枣庄市 | 枣庄市人民政府办公室关于促进大数据发展的实施意见 | 2016.07.26 |
| 15 | 哈尔滨市 | 哈尔滨市人民政府关于印发哈尔滨市促进大数据发展若干政策（试行）的通知 | 2016.08.15 |
| 16 | 石家庄市 | 石家庄市人民政府关于推进大数据发展的实施意见 | 2016.08.15 |
| 17 | 南宁市 | 南宁市大数据建设发展规划（2016—2020） | 2016.10.13 |
| 18 | 深圳市 | 深圳市促进大数据发展行动计划 | 2016.10.25 |
| 19 | 东莞市 | 东莞市大数据发展实施方案 | 2016.10.26 |
| 20 | 中山市 | 中山市促进大数据发展行动计划 | 2016.11.29 |
| 21 | 郑州市 | 郑州市人民政府关于印发郑州市促进大数据发展行动计划的通知 | 2016.12.12 |
| 22 | 苏州市 | 促进大数据应用和产业发展的若干政策意见的通知 | 2016.12.28 |
| 23 | 广州市 | 广州市人民政府办公厅关于促进大数据发展的实施意见 | 2017.01.07 |
| 24 | 兰州市 | 兰州市人民政府关于促进大数据发展的实施意见 | 2017.01.16 |
| 25 | 清远市 | 清远市人民政府办公室关于印发清远市大数据发展“十三五”规划的通知 | 2017.03.06 |

续表

| 序号 | 地名 | 政策文件名称 | 颁布时间 |
|---|---|---|---|
| 26 | 长治市 | 《推进政府信息化建设构建大数据社会治理平台工作方案》 | 2017.03.09 |
| 27 | 安康市 | 安康市大数据与云计算产业发展实施方案 | 2017.03.13 |
| 28 | 长沙市 | 《长沙市加快发展大数据产业（2017—2020年）行动计划》 | 2017.04.12 |
| 29 | 忻州市 | 《忻州市大数据发展规划（2017—2020年）》 | 2017.05.17 |
| 30 | 北京市西城区 | 西城区关于推进大数据建设的实施意见 | 2017.05.23 |
| 31 | 晋城市 | 晋城市城区人民政府关于大数据产业发展的实施意见 | 2017.07.13 |
| 32 | 吕梁市 | 吕梁市大数据产业发展应用规划（2017—2020年） | 2017.07.15 |
| 33 | 长治市 | 长治市促进大数据发展应用2017年行动计划 | 2017.07.18 |
| 34 | 西安市 | 西安市大数据产业发展实施方案（2017—2021年） | 2017.08.02 |

## （一）政策目标

通过对34个地级或以上市政府出台的大数据发展政策文件中的政策目标进行内容分析发现，各市推动大数据发展的目标涵盖发展大数据产业、推动数据共享开放和以大数据提升社会治理水平三个方面。

一是发展大数据产业。如江苏省镇江市提出要力争到2020年底，形成营业收入超50亿的大数据产业集群四个以上，培育一到两个百亿级龙头企业和一批亿级骨干企业，大数据带动相关产业规模达到300亿元，将镇江建设成为长三角区域重要的数据信息集散中心和信息服务产业聚集区，“立足镇江、面向全国”，成为国家级数据中心和信息服务产业基地。延安市以大数据基地建设为契机，引进大数据产业链各环节的国内外知名龙头企业进行大数据产业生态的培育，打造大数据软件开发与硬件制造、大数据基础设施服务、大数据分析处理服务、大数据交易服务等大数据核心产业链。廊坊市按照打造国际知名大数据产业城的总体定位，力争到2020年，培育三家国家级的大数据服务公司，以大数据为统领的新一代信息技术产业规模总量超过500亿元，培育和引进50家骨干企业、引进1000名高端人才、20家科研单位，创造5万个就业岗位。着力打造以数据采集、数据存储、数据分析、数据应用、数据安全等环节构成的大数据产业链，推动全市经济社会健康快速发展。承德市建设面向全国、服务京津冀的“大数据谷”，聚集具有市场竞争力的大数据骨干企业，发展全链条大数据产业，打造自我持续发展、跨大数据生命周期的产业生态，带动其他产业智慧化发展，把承德建成国内智慧化明星城市，力争到2020年实现大数据产业总产值500亿元。

二是推动政府数据共享开放。如石家庄市提出到2020年，建成全市政府数据共享开放平台，80%的市级部门公布数据开放清单和开放计划，率先在信用、交通运输、医疗、卫生、就业、社保、文化、教育、科技、农业、环境、安全监管、统计等重点领域实现公共数据资源依法依规向社会开放。本溪市指出，应着力解决不愿开放，不敢开放，不会开放问题，打破部门分割和行业壁垒，促进互联互通、数据开放、信息共享和业务协同，切实以数据引领技术流、物资流、资金流、人才流，强化统筹衔接和条块结合，实现跨部门、跨区域、跨层级、跨系统的数据交换与共享。

三是运用大数据提升社会治理水平。中山市提出，要将大数据创新应用深入经济社会各领域。运用大数据推动形成精准治理、多方协作的社会治理新模式，运行平稳、安全高效的经济运行新机制，以及以人为本、惠及全民的民生服务新体系。深圳市计划围绕建设国家新型智慧城市标杆市目标，加强顶层设计和统筹协调，大力推动政府数据资源共建共享共用，加快政府数据开放，创新各领域大数据应用，建立“用数据说话、用数据决策、用数据管理、用数据创新”的工作机制，提升基于大数据的政府治理能力和公共服务水平，促进大数据与产业融合创新发展，培育经济发展新动能，努力建成国际领先的大数据应用先行区和产业集聚区。北京市西城区指出，以大数据提升政务服务效能，惠及大众民生，支撑城市运行，提升精细化管理水平，力争成为国内体制机制健全、创新应用领先、安全可靠、标准规范的大数据应用示范城区。

### （二）政策手段

通过对政策文本中“主要任务”的分析发现，各市推动大数据发展的主要政策手段包括营造大数据发展良好环境、加强大数据基础设施建设、加快推进政府部门数据开放共享、推进“大数据+”示范项目建设、推动大数据产业发展这五类。其中，营造大数据发展良好环境的任务包括全面运用大数据思维，培育与引进大数据相关人才，建立大数据标准规范和安全保障体系，建立健全大数据项目的投融资机制，加大对大数据发展的财政支持力度，加强大数据技术研发工作，强化统筹领导机制。加强大数据基础设施建设分为加快网络基础设施层建设和推进云计算应用发展大数据系统。加快推进政府部门数据开放共享包括加快完善基础信息资源体系，推进公共数据资源开放，推动数据资源整合共享，推动信用信息共享机制和信用信息系统建设。推进“大数据+”示范项目建设包括建设政务管理大数据示范项目（政务数据开放共享、电子政务服务体系）、建设社会治理大数据示范项目（综合治理、信用体系、食品药品安全监管、公共安全）和建设公共服务大数据示范项目（医疗健康、交通服务、气象服务）。推动大数据产业发展包括加快建设大数据产业集聚区，着力加强数据采集和处理能力建设。

一是营造大数据发展的良好环境。如中山市提出，应营造大数据发展的良好环境。在城市顶层设计中全面运用大数据思维，制定大数据发展标准规范，为中山大数据发展提供良好的人才与资金支持，营造大数据发展的良好环境。2018年前，逐步完善支持大数据发展的配套政策体系，初步构建大数据融资服务体系。东莞市指出，需加强统筹规划，优化大数据形成机制。深入调研，制定大数据发展规划。强化对大数据建设工作的组织协调和监督管理，建立部门的政务数据负责人制度，实现数据资源联合共建、广泛共享。建立政府和社会联动的大数据形成机制，以政府数据公开共享推动公共数据资源的开发利用。加强与外部区域的数据交流合作。兰州市提出，应强化组织领导，加大政策支持，培育市场主体，加强人才队伍建设，鼓励技术创新为大数据战略提供保障。嘉峪关市提出，加大保障力度，提高大数据产业和云平台应用服务水平应从组织机构保障、政策落实保障、政府采购保障、人才队伍保障、宣传推广保障五个方面入手。

二是加强大数据基础设施建设。如广东省清远市提出要夯实大数据基础，完善基础设施。建设完善宽带网络基础设施。优化城域网和骨干网，提高网络互联带宽和互联质量。加快光纤宽带网络建设，实施“村村通光纤”工程，打造“全光网”城市。提升宽带网络的安全保障能力，强化安全防护体系建设，提高网络安全和应急处置能力。建设完善计算和存储基础。统一规划建设市、县两级电子政务公共平台。开通政务平台单位内部流转功能。横向上逐步把各部门的信息系统集中到市级云平台，纵向上把县（市、区）的应用系统及数据逐步统一到市级数据中心，积极探索跨区域共建共享机制和模式。深圳市指出，需统筹大数据基础设施建设，推动政府数据开放共享。建设统一的政务云平台。充分利用市电子政务资源中心、超算中心和灾备中心资源，结合向通信运营商等购买服务的方式，统筹建设全市统一的政务云平台，为各部门业务系统的快速部署提供虚拟计算、存储、数据库等服务，提高资源利用率，推动信息化建设从原来各部门分散建设的模式向全市统建统管共用的模式转变。黔东南州指出，加快推进凯里大数据产业园建设；以申黔数据中心和中科汉天下物联网为核心，形成定位明确、功能合理、布局科学的大数据产业园；形成以高端产品制造及应用的物联网产业和以数据存储、分析、处理为主的大数据产业链，发展具有特色的信息产品制造业和大数据服务业基地。信息基础设施建设。进一步扩大信息基础设施建设投资规模，投资规模不低于全省平均水平。全面推进黔东南州信息基础设施三年会战提升行动计划，加快推进“无限网络·满格黔东南——信息网络全覆盖”工程。数据中心建设。大力推进贵州申黔互联数据中心基础设施建设，完备动力装置、机柜搭建、服务器、计算机、网络设备、供电设备、冷却系统等要素。人才培养基地以申黔数据中心、中科汉天下等企业为核心，以高等院校教育为基础，以校企合作为纽带，建设培育大数据产业人才高地。

三是加快推进政府部门数据开放共享。广州市提出，促进数据资源共享开放流通，释放重要生产力。加快政府数据汇聚共享。推进政府数据资源目录体系建设，制定完善政府数据采集、处理、存储、利用等标准规范，逐步实现政府数据向政府数据汇聚平台归集。开展政府数据资源共享开放绩效评估，加快市区两级政府数据资源的交换与共享，提高政府服务监管水平。释放政府数据红利，综合利用政府数据平台，以多种形式，安全、公平地对社会开放交通、人口、旅游、规划、医疗、教育、文化、商务、信用等方面的政府数据资源。鼓励社会数据共享共用。开拓数据采集渠道，引导企业、行业协会、科研机构整合相关资源。促进商业数据交易流通，健全数据交易流通的市场化机制，引导培育大数据公开交易市场，为企业提供在工具、技术、商业模式、融资、推广、数据交易、信息共享等方面的综合服务。

郑州市指出，大力推动政府部门数据共享。加强顶层设计和统筹规划，明确各部门数据共享的范围边界和使用方式，厘清各部门数据管理及共享的义务和权利，依托政府数据统一共享交换平台，大力推进人口、法人、自然资源和空间地理等基础数据库以及信用、健康、就业、社保、国土、农业、城乡建设等综合数据库建设。结合信息惠民工程实施和智慧城市建设，实现公共服务的多方数据共享、制度对接和协同配合。稳步推动公共数据资源开放，推动建立政府部门和事业单位等公共机构数据资源清单，按照“增量先行”的方式，加强对政府部门数据的统筹管理，加快建设政府数据统一开放平台。南宁市提出推进公共数据交换与共享。加强南宁市公共数据资源规划，全面梳理全市各部门、各区县的现有数据资源内容、数据采集渠道、数据利用方式，确定公共数据资源采集、交换与共享的程序，建立制度，落实分工，明确责任，保障落实。完善已建的人口、法人等基础数据库，加快建设统一的自然资源和基础地理信息数据库，推进基础数据库的整合。推动政府数据开放。建立公共数据开放机制，推动政府数据开放。在安全和隐私保护的前提下，除法律法规明确规定不宜公开的信息，其他数据一律向社会开放。推动社会、企业和互联网数据整合与汇聚。建立政府和社会互动的大数据采集形成机制，通过政府数据开放，引导企业、行业协会、科研机构、社会组织等主动采集并开放数据。

四是推进“大数据 +”示范项目建设。如泰安市提出推动云计算、大数据在软件和信息技术服务领域的应用。支持软件企业依托云计算的超大规模、无限扩展、按需服务、多层次服务等优势，转变软件获取资源方式，创新产品开发和服务模式，推动软件产业转型升级。推动云计算、大数据在民生服务领域的应用。搭建政府大数据统一开放平台和统一公共服务平台，统筹推进云计算在就业、社保、医疗、教育、养老等民生服务领域的应用，加快实施信息惠民工程，增强民生领域信息服务能力，提升公共服务均等普惠水平，有序推进智慧城市建设。推动云计算、大数据在重点行业领域的应用。支持工业云和工业大数据服务平台建设，推进研发设计、数据管理、工程服务等领域资源的开放共享，鼓励工业企业利用工业云平台开展工业大数据创新应用，推广个性化定制、柔性化生产模式，提升传统产业信息化水平，促进产业转型升级，推进全市两化深度融合。

山西省长治市实施大数据应用示范行动，抓好工业大数据应用示范。一方面，推动长治市工业云平台建设，为中小企业提供、平台和应用的服务，集聚工业大数据。另一方面，加快推进两化深度融合，提升工业基础设备、关键工序数控化率和智能化、柔性化生产水平，进一步筑牢工业大数据应用基础。抓好物流大数据应用示范。建设物流云平台，实施积极有效的“数据开放”政策。抓好能源大数据应用示范。加快推进中国3号线煤炭能源物联网项目和市节能中心能源在线监测系统的建设与应用，梳理市煤炭交易数据，推动煤炭数据资源的共享共用。推进各领域大数据应用。尽快制定出台大数据发展应用的相关政策，在积极推进重点领域应用示范的基础上，协调各行业、各系统、各领域和各部门，推动公共安全、决策运行、城市管理、生产监管、社会信用、精准扶贫等公共领域大数据的应用，推进文化旅游、交通运输、医疗健康、人口教育、气象环保等行业领域的大数据发展应用，推进农林业、服务业、金融业等产业大数据应用，以大项目带动大应用，以大应用推动大发展。

五是推动大数据产业发展。苏州市指出，科学规划全市大数据产业布局。按照产城融合、因地制宜、各有分工、一园多点、虚实结合的原则，积极推进苏州工业园区（国际科技园）、苏州科技城、昆山花桥经济开发区等大数据特色产业园建设。支持大数据企业集聚发展。对在本市注册的大数据企业，需入驻大数据特色产业园区标准厂房和办公用房的，所入驻的特色产业园区可给予落户企业办公场地租金优惠或减免。保障大数据产业园区和重点项目用地。在安排土地使用年度计划时，优先安排大数据产业园区和大数据产业重点项目用地指标。支持符合条件的大数据产业项目列入省、市重大项目用地计划予以重点保障。鼓励优先利用存量土地发展大数据产业。对利用现有房屋和土地，兴办文化创意、科技研发、众创空间、生产性服务业、“互联网+”等新业态的，可实行继续按原用途和土地权利类型使用土地的过渡期政策，过渡期为5年。

贵阳市提出，要推动产业联盟发展。组建大数据产业联盟，整合国内外高端资源，联合贵阳市IT企业、组织、机构及其他相关单位组成致力于推动大数据产业发展的非盈利性联合体。支持大数据产业联盟在各大数据产业基地或园区提供重大公共技术研发、检测认证、知识产权与标准化服务等。武汉市提出，要打造大数据龙头企业和知名品牌。大力支持和开发一批具有核心竞争力的大数据软硬件和终端产品。积极引进一批国内外知名的云计算、大数据和数据应用服务企业落户武汉。有效引导一批海量数据企业和机构深度挖掘和创新利用数据。努力催生一批具有大数据创新思维的机构、人才和项目并搭建大数据交易平台。

## （三）政策保障措施

通过对政策文本中“保障措施”的分析发现，各市促进大数据发展的保障措施主要包括：加强组织领导协调、加大财政投入和融资扶持力度、强化监督考核、加快制定相关政策法规、提高数据安全保障能力、加强智库与人才队伍建设这六类。

其一，加强组织领导协调。郑州市指出，应完善组织实施机制。成立以市政府主要领导任组长的郑州市大数据工作领导小组，主要负责研究部署、规划指导、组织协调和督查考核全市大数据的各项工作。依托郑州市数字城市办公室，理顺政务数据资源管理机构。按照政务数据管理、促进产业集聚的工作要求，进一步调整郑州市数字城市办公室工作职责，增挂郑州市大数据管理办公室牌子。主要负责研究拟订并组织实施大数据战略、规划和政策措施，引导和推动大数据研究和应用工作；组织制定大数据的标准体系、考核体系以及大数据收集、管理、开放、应用等标准规范；统筹推动大数据资源池归集整合与开放共享，统筹推动全社会大数据库建设，促进大数据应用，指导大数据产业发展，统筹协调大数据信息安全保障体系建设等工作。设立大数据专家咨询委员会，为大数据发展应用及相关工程实施提供决策咨询。成立大数据产业联盟，推动大数据研讨交流、数据共享、联合开发、推广应用、产业标准制定与推行、联合人才培养、业务与投资合作、促进政策支持等工作。

广东省中山市指出，应加强组织领导。按照《中山市“互联网+”行动计划（2016—2020年）》要求，成立中山市推进互联网和大数据应用领导小组，强化对全市大数据发展和应用工作的统筹协调，研究制定中山市推进大数据发展的各项政策，统筹协调各部门、各镇区推进大数据行动计划，落实具体措施。各有关单位要根据各自职能，制定本单位推进大数据发展与应用的实施方案。领导小组日常工作由市经济和信息化局负责。忻州市提出，需加强组织协调。成立市长任组长的忻州市大数据发展领导小组，统筹领导全市大数据基础建设、发展应用等方面各项工作，推动相关法律法规和技术标准的制定。组建大数据管理机构，统筹领导全市大数据发展应用。整合技术支撑力量，加强发展战略研究和数据资源合规性审查，为全市大数据发展提供决策支持。

其二，加大财政投入和融资扶持力度。黔东南州指出，应加大财政资金扶持力度，设立“大数据产业发展专项资金”，作为政府的引导资金，促进大数据产业发展。2016 年为 5000 万元，以后每年按照不低于 20% 增幅递增，加大对大数据产业发展的投资、扶持力度，吸引各方资源汇聚，驱动产业发展。贵阳市指出，应加大资金支持。设立大数据产业发展专项资金。整合发改、工信、科技已有资金，设立大数据产业发展专项资金，用于资助大数据产业链关键环节引进和培育、重点企业发展、产业化项目建设、创新能力提升、创业项目孵化、应用示范等方面。同时积极拓宽融资渠道。积极推进与北京云基地等合作成立贵阳云计算大数据产业创业投资基金，进行股权投资、创业投资、创业投资咨询、创业管理服务等业务。引导和鼓励金融机构为符合条件的大数据产业相关企业给予信贷支持。支持商业银行探索开展知识产权质押贷款或以知识产权质押作为主要担保方式的组合贷款、信用贷款以及其他非抵押类创新模式贷款。支持担保机构加大对大数据产业知识产权质押贷款的担保支持力度。

广东省东莞市提出，应加大对大数据的政策扶持和财政投入力度，整合市场运作模式，建立政府投资和市场融资相结合的多元投融资体制，形成东莞大数据发展资金保障体系。一是将部分大数据项目建设和运行维护资金纳入财政预算，统筹运用现有的财政扶持政策支持大数据项目，实施项目化管理，做好建设资金落实和监督管理；二是加大税务金融优惠政策，放宽资本准入，引入外来大数据技术和服务企业；三是探索设立大数据产业引导基金等，引导民间资本和外资投向大数据应用和产业领域，创造公平竞争和发展的环境，完善互利共赢，保障大数据建设投入与国民经济增长相适应。

其三，强化监督考核。北京市西城区提出，要加强工作考核，落实主体责任。建立大数据工作考核制度，纳入政府绩效考核，列入重点督查事项，定期通报并公开工作进展和成效，建立健全问责机制。承德市提出建立项目考评机制。充分调动各部门对承德大数据产业工作落实的积极性，确保大数据各项工作目标和市领导交办、批办事项的落实，加快承德大数据产业建设进度，根据承德大数据产业推进实际，建立大数据产业工作考评体系。考核工作坚持公平、公正、求实、透明的原则，充分调动各部门对大数据产业推进工作积极性及创新性，对高标准、高质量、提前完成相应工作的部门，予以表彰；对未按时、按质、按要求完成相应工作的部门，予以通报批评。长治市指出，需强化督促检查。领导组办公室将把各部门、各单位信息化建设和信息平台推广使用作为年度目标考核的内容之一，同步推进，同步考核。加强动态管理，定期监督检查，通过数据统计分析、事件办理排名、群众满意度测评、社会公众监督等方式，促进工作措施落实，不断提高工作成效。

其四，加快制定相关政策法规。盐城市提出，建立标准规范制度。加强顶层设计和统筹规划，委托专业机构制定盐城政务、行业大数据数据规范和标准，制定市政府信息资源中心管理办法，明确各部门数据共享的范围边界和使用方式，研究数据开放、保护等方面规章制度，实现数据资源采集、传输、存储、利用、开放的规范管理。研究出台政府规范性文件，加强对基础信息网络和关键行业领域重要信息系统的安全保护，保障网络数据安全。建立大数据市场交易标准体系，制定大数据交易制度，健全数据资源交易机制和定价机制，规范交易行为。东莞市提出，应加快制定相关政策规范。研究制定实施大数据战略的具体配套政策，完善基础设施、电子政务、信息安全、信息公开、电子商务、个人信息保护等方面的政策文件、管理制度和标准规范。将大数据发展纳入市国民经济和社会发展第十三个五年规划，制定大数据发展规划，保障大数据战略有序实施。加强大数据标准规范研究，尽快建立大数据采集、管理、开放、应用等标准规范，统一政务数据编码、格式标准、交换接口规范等。制定数据商业化服务规则，明确公益性与商业性信息服务界限。吕梁市提出应实施优惠政策激励。建立和完善用地、用电、财税等一系列配套政策，设立企业主导、政府支持、专业运作的区域大数据产业发展基金，整合市直各部门的信息化专项资金，设立市级促进大数据发展应用专项资金，创优人才引进发展环境，建立人才引进激励机制，激励大数据企业和项目落地发展，吸引大数据专家人才来吕梁发展。

其五，提高数据安全保障能力。石家庄市指出，应强化安全保障。加强对关键信息基础设施安全防护，落实信息安全等级保护制度要求。按照“同步建设、同步落实”的原则，在大数据平台及相关信息系统的规划设计阶段确定安全保护等级并落实相应的安全防护技术措施，积极推动采用安全可信产品和服务，提升基础设施关键设备安全可靠水平。开展安全监测和预警通报工作，加强大数据环境下防攻击、防泄露、防窃取的监测、预警、控制和应急处置能力建设。廊坊市指出，应重视保障信息安全。保障大数据信息安全，引导企业、行业协会、科研机构等建立集中统一信息安全保障体系。加强数据安全体系和制度建设。加强对涉及个体基础信息、产业核心机密和国家战略安全数据的管控，加强数据容灾备份等传统安全工作。严格执行数据资源安全开放标准规范，按照“开放优先、安全例外、分类分级”的原则，定时梳理，随时评估，保障数据不被恶意侵犯。深入研究大数据产业发展过程中的公共安全风险，以产权保护为重点的法律问题和以隐私保护为重点的道德问题。镇江市指出，需加强信息安全保障。建立集中统一的信息安全保障管理体制，由市信息化主管部门统筹信息安全保障体系建设。加快制定信息采集和管控、敏感数据管理、数据交换、个人隐私、数据权益等领域的大数据地方性法规和政府规章，明确大数据采集、使用、发布等环节涉及信息安全范围、要求和责任，确保国家利益、社会安全、商业秘密、个人隐私等信息不受侵犯。

其六，加强智库与人才队伍建设。晋城市提出，成立专家咨询委员会。设立大数据专家咨询委员会，加强发展战略研究和数据资源合规性审查，为全区大数据产业发展提供政策的建议和意见。协调行业大数据资源开放共享、技术交流等相关工作，推动相关技术标准的制定。长沙市指出，需加强政府、高校、企业之间的合作，支持相关单位建立大数据研究机构，开展大数据理论和基础研究，培养领军人才。健全引才、留才、用才和服务人才的工作机制，大力引进并支持大数据领域高层次人才创业；对于符合引进条件的高层次人才，可享受相关优惠政策；创新人才评价体系，以更加开放的政策，重点引进一批活跃在大数据技术发展前沿、国际领先水平的高端专业人才和团队。大力培育大数据专业技术人才，依托丰富的科研机构和高等院校，通过整合学术界和工业界在该领域的相关优势资源，建设大数据科学研究中心或实验室，培养大数据工程师和数据科技应用科学家。探索建立健全“人才旋转门”机制，鼓励大数据人才在高校、企业、科研机构之间转换，推动大数据科研成果转化。镇江市提出，要加大人才引进力度。制定并实施镇江高端大数据人才引进配套政策，推进并完善镇江“331 计划”“人才特区”“百千万”“333高层人才培育计划”等人才工程。优先引进活跃在大数据相关领域的海内外高端专业人才和团队，对引进的相关博士及以上高级技术专业人才、海外留学回国创业人员、副总经理及以上高层管理人才等给予一定的补贴或奖励，在职称评定、子女入学、家属落户上给予优惠政策。同时制定柔性人才使用机制，充分借用南京、上海等地人才资源，构建结构合理、领域全面的专业大数据人才队伍。

## 三、地方政府大数据发展政策的主要特点

总的来看，我国地方政府大数据发展政策呈现长远性、综合性和宏观性的特点。即大数据政策并非针对当前大数据发展中某个具体的政策问题而制定的应对之道，而是对未来大数据发展的环境与趋势而提前做出的准备，即对今后一段时期的大数据发展做出的远期谋划。这些政策大多属于中长期的行动计划或发展纲要，时间跨度短则3年，长则10余年。它们带有综合性，覆盖大数据发展所涉及的数据基础设施建设、数据开放共享、数据产业等方方面面，并提出一揽子解决方案。另外，大数据发展政策涉及的对象包含了政府、企业、高校以及研究机构，跨越政府、市场与社会，具有宏观性。这些方面跟美国政府大数据发展政策有着显著的不同：[①] 美国大数据政策在目标取向上带有明显的问题导向特征，即根据大数据发展中出现的新问题、新现象或新趋向等及时制定相应政策，目标单一，所规划的任务往往微观而具体。而在内容上，美国政府前期重视大数据技术的开发，实施政府数据开放运动，为大数据发展创造条件并奠定基础；而在后期，美国大数据政策将个人隐私保护、社会歧视规避和大数据安全作为主要关注点。

① 彭知辉．论政府在大数据发展中的作用：以大数据政策为视角，广东行政学院学报，2017（1）：12－20.

# 第二章　大数据在精准扶贫中的运用

消除贫困、改善民生、逐步实现共同富裕，是社会主义的本质要求，也是我国社会经济建设的重要任务。党和国家高度重视扶贫工作，特别是改革开放以来的大规模扶贫治理，使得7亿多农村贫困人口已经成功脱贫，率先完成贫困人口减半这一联合国千年发展目标，为世界所瞩目。但截至2016年底，我国仍有4300多万农村贫困人口，脱贫攻坚形势依然严峻。在全面建成小康社会进入决胜阶段之际，中央进一步明确了新时期脱贫攻坚的目标，即到2020年实现“两个确保”：确保农村贫困人口实现脱贫，确保贫困县全部脱贫摘帽。然而，经过多年的扶贫开发，现在剩下的都是“硬骨头”，减贫难度越来越大。在这个“啃硬骨头、攻坚拔寨”的冲刺阶段，我们将难以沿用常规思路来完成任务，必须寻找新的路径与方法，实现精准扶贫、精准脱贫。大数据技术的出现，为这一目标的实现提供了新的技术手段。

随着互联网、物联网和传感技术的不断发展，我国逐渐步入大数据时代。大数据为我国的精准扶贫提供了新的技术理念和数据支撑。首先，整合民政、卫生、房管等政府部门掌握的数据、互联网数据和物联网数据，通过大数据的汇集、互通、关联、挖掘与分析技术，实现对扶贫对象及其需求的精准识别。其次，对扶贫开发的历史数据资料，贫困地区及周边的人口、资源、环境、农业生产和产品市场等数据库，以及扶贫对象个人数据进行大数据关联分析和深入挖掘，制定精准帮扶措施。再次，借助大数据技术实现扶贫数据的层级互通和纵向甄别，实时抓取各种反映扶贫措施与效果的数据，实现数据动态跟踪监管的精准管理。最后，建立扶贫绩效管理信息系统和返贫预警系统，实现对精准脱贫的实时绩效评价和对返贫的预判。

## 一、大数据引发扶贫方式变革

随着互联网、物联网和传感技术的飞速发展，大数据引起了学术界、产业界和政府部门的高度关注。伴随着维克托·迈尔·舍恩伯格开大数据研究先河之作《大数据时代》的风靡全球，“大数据”作为一个时代标志进入了我们的社会舞台，并迅速形成一股浪潮，广泛而深刻地影响着我们的生活、工作和思维方式。“纵观世界文明发展史，人类先后经历了农业革命、工业革命、信息革命。每一次产业技术革命，都给人类生产生活带来巨大而深刻的影响。”[①] 就像铁器带来了农耕文明，蒸汽机开启了工业革命，大数据作为信息革命最主要的资源工具之一，将给我们社会发展带来深刻变革和无限机遇。大数据的发展为创新社会问题的治理方式提供了新的理念和技术支持，使得“许多奇思妙想可以在公共治理中得以实现，包括不断提升的服务效率、管理效能与公众满意度，并使许多棘手的公共问题得以解决。”[②] 如新加坡政府在公共治理中将大数据引入贫困救济，不断努力建立贫困救济大数据系统，通过多部门打包援助使不同贫困程度的国民都能够得到不同配套方案的全方位辅助。2015 年6 月，习总书记在贵州调研时承诺要“让7000 万贫困人口到2020 年和全国人民一道迈入全面小康社会”，要求扶贫要做到“六个精准”，即“对象要精准、项目安排要精准、资金使用要精准、措施到位要精准、因村派人要精准、脱贫成效要精准”，并强调“贵在精准，重在精准，成败之举在于精准”。从此，精准扶贫迅速成为全国各地“十三五”时期扶贫攻坚的共识。为实现精准扶贫，需要借助大数据时代的技术理念和数据支撑，推动扶贫方式变革和提高脱贫成效。

---

① 习近平在乌镇第二届世界互联网大会开幕式上发表的主旨讲话：以互联网治理推动全球治理。2015. 12. 16.

② 马亮．大数据技术何以创新公共治理？——新加坡智慧国案例研究［J］．电子政务 2015，(5)：2 –9.

"大数据"最早产生于最先经历信息爆炸的天文学和基因学等学科。[①] 2008年英国《自然》(Nature)推出了"Big Data"的专刊,[②] 从多学科的视角集中讨论了大数据的潜在价值和挑战。随后,麦肯锡(McKinsey)公司于2011年6月发布了一份关于大数据的报告,[③] 第一次提出"大数据时代"已经到来。最初,一般意义上大数据是指"无法在可容忍的时间内用传统IT技术和软硬件工具对其进行感知、获取、管理、处理和服务的数据集合。"[④] 学术界和产业界通常从大数据的自身特征出发,将其关键特点总结为4个"V"(Volume, Variety, Velocity, Value),即容量大、类型多、速度快和价值高的特点。这些特点决定了大数据技术具有广度数据采集、深度数据挖掘、层级数据互通和实时数据分析四大"数据能力"。首先,"精准扶贫"的广度数据采集方面,大数据技术可以将高度分散但具有相关关系的贫困地区的地理、资源、生态和社会经济发展的数据信息,贫困人口的生产、收入、储蓄、消费、医疗、教育、住房等方面的数据,以及扶贫措施与管理的数据快速采集整合成具有参考价值的信息。其次,深度数据挖掘方面,大数据技术可以深度挖掘贫困区域、贫困人口、扶贫管理数据库中各种数据信息的关联关系,精准厘清致贫或返贫原因,使得精准扶贫措施决策和趋势预测成为可能。再次,层级数据互通方面,实现多源异构的扶贫数据交互和信息整合,通过云计算统一存储,使得不同层级、不同部门可以共享扶贫信息数据,从而实现精准帮扶与管理。最后,在实时数据分析方面,在有限的时间里,通过对海量数据进行快速的系统化、智能化和可视化分析,有助于实现精准扶贫的有效监管和精准脱贫后的智能跟进与返贫预警。正如舍恩伯格在《大数据时代》所言,大数据技术是当今社会所独有的一种新型能力:"以一种前所未有的

---

① [英]维克托·迈尔·舍恩伯格,肯尼思·库克耶.大数据时代:生活、工作与思维的大变革[M]浙江人民出版社 2012-12:08.

② Nature. Big Data [EB\OL]. [2012-10-02]. http://www.nature.com/news/specials/bigdata/index.html.

③ ManyikaJ, Chui M, Brown B, et al. Big data: The Next Frontier for Innovation, Competition, and Productivity [R/OL]. [2012-10-02]. http://www.mckinsey.com/Insights/MGI/Research/Technology_ and_ Innovation/

④ 李国杰,程学旗.大数据研究:未来科技及经济社会发展的重大战略领域——大数据的研究现状与科学思考[J].中国科学院院刊,2012(6):647-657.

方式，通过对海量数据进行分析，获得有巨大价值的产品和服务，或深刻的洞见。”①

大数据自身具有的关键特点及技术能力为精准扶贫提供了宝贵的数据资源和技术支撑。但对于精准扶贫中“大数据价值链的构成”② 而言，不只是数据本身和技术能力，更重要的是挖掘海量数据中潜在价值的大数据思维。所谓大数据思维，“是指一种意识，认为公开的数据一旦处理得当就能为千百万人解决问题提供答案。”③ 因此，大数据时代的社会意涵就是，大数据已不仅意味着海量的数据，更重要的是人们通过新的思维理念和分析方法从纷繁庞杂的海量数据中发现社会的新知识，创造新价值，总结社会现象的新规律。对此，Jim Gray 指出，在人类的科学研究上，先后经历了实验（Empirical）、理论（Theoretical）和计算（Computational）这 3 种范式；而在数据量不断增加和数据结构愈加复杂的今天，这 3 种范式在一些新的研究领域已经不能很好地发挥作用，需要采用“第 4 范式”，即从以模拟计算转向以数据处理和关联分析为中心。④ 这种新的范式主要呈现出三个重大的思维转变：⑤ 首先，采集和分析与某事物相关的所有数据成为可能，“全数据模式”的到来将不再依赖于随机抽样的少量数据。其次，人们认识到纷繁复杂的数据越多越好，允许不精确的容错标准使得人们可以掌握越来越多的数据，创造更好的结果。最后，前两个思想转变导致了第三个变革，即用大数据驱动的相关关系取代了基于假设推导的因果关系。基于大数据相关关系分析基础上的预测将更快、更准确，而且不易受偏见的影响，这就像“亚马逊可以帮我们推荐想要的书，谷歌可以为关联网站排序，Facebook 知道我们的喜好，而

---

① ［英］维克托·迈尔·舍恩伯格，肯尼思·库克耶．大数据时代：生活、工作与思维的大变革［M］浙江人民出版社 2012－12：04.

② ［英］维克托·迈尔·舍恩伯格，肯尼思·库克耶．大数据时代：生活、工作与思维的大变革［M］浙江人民出版社 2012－12：160.

③ ［英］维克托·迈尔·舍恩伯格，肯尼思·库克耶．大数据时代：生活、工作与思维的大变革［M］浙江人民出版社 2012－12：167.

④ Hey T，Tansley S，Tole K. The Fourth Paradigm：Data－intensive Scientific Discovery［M/OL］. Microsoft Research，Redmond，Washington（2009）.

⑤ ［英］维克托·迈尔·舍恩伯格，肯尼思·库克耶．大数据时代：生活、工作与思维的大变革［M］浙江人民出版社 2012－12：29.

LinkedIn 可以猜出我们认识谁。”[①] 在大数据时代，这三个思维转变相互联系，相互作用，将对社会经济的发展产生巨大的推动作用，同时也孕育着前所未有的机遇。在这个意义上说，为实现精准扶贫而收集的数据和实施扶贫过程中产生的数据，汇合而成的大数据，不仅为精准扶贫、精准管理、精准预警提供数据支撑，而且也将成为该地区的巨大“宝藏”资源。通过挖掘这一“宝库”，可以将大数据转变为财富，推动贫困地区可持续发展。

## 二、精准扶贫的大数据支撑机制

精准扶贫的研究主要集中于20世纪70—90年代的西方国家，作为社会发展干预理论的重要组成，精准扶贫的理念在我国扶贫开发效果趋缓的背景下日益受到重视。[②] 十八大以来，党和国家高度重视扶贫开发工作，“精准扶贫”的理念逐渐成形。[③] 2012年底，习总书记在考察河北阜平老区的扶贫开发工作时强调不要用“手榴弹炸跳蚤”，要“真真实实把情况摸清楚。帮助困难乡亲脱贫致富要有针对性，要一家一户摸情况”，这已体现出了“精准扶贫”的理念。[④] 到了2013年10月，习总书记在湖南湘西调研扶贫工作时明确指出：“扶贫要实事求是，因地制宜。要精准扶贫，切忌喊口号。”[⑤] 这被认为是“精准扶贫”这一概念的首次明确提出。[⑥] 2014年1月，国务院《关于创新机制扎实推进农村扶贫开

---

① ［英］维克托·迈尔·舍恩伯格，肯尼思·库克耶．大数据时代：生活、工作与思维的大变革［M］浙江人民出版社 2012－12：17.

② 郑瑞强，曹国庆．基于大数据思维的精准扶贫机制研究［J］．贵州社会科学，2015(8)：163－168.

③ 公衍勇．关于精准扶贫的研究综［J］．山东农业工程学院学报，2015（3）：75－78.

④ 刘永富：习近平提“精准扶贫”的内涵和意义是什么，2015年8月4日。http：//news. xinhuanet. com/politics/2015－08/04/c_ 128091403. htm，2015年9月20日。

⑤ 习近平赴湘西调研扶贫攻坚［RB \ OL］．新华网，2013－11－03. http：//news. xinhuanet. com/politics/2013－11/03/c_ 117984236. htm.

⑥ 习近平赴湘西调研扶贫攻坚［RB \ OL］．新华网，2013－11－03. http：//news. xinhuanet. com/politics/2013－11/03/c_ 117984236. htm.

发工作的意见》（中办发［2013］25 号）明确提出了建立精准扶贫工作机制，同年，全国扶贫开发建档立卡工作基本完成，我国扶贫开发开始迈向精准扶贫阶段。大数据时代的到来，为我国创新精准扶贫的方式提供了新的手段。基于大数据驱动的精准扶贫，将更多地以事实数据为基础，而不是依赖主观经验和直觉判断。特别是近年来大数据技术在政府治理领域的试点应用，逐步形成了大数据应用机制，[①] 为精准扶贫的精准识别、精准帮扶、精准管理和精准脱贫提供了新的技术理念和数据支撑。具体如图 1 所示。

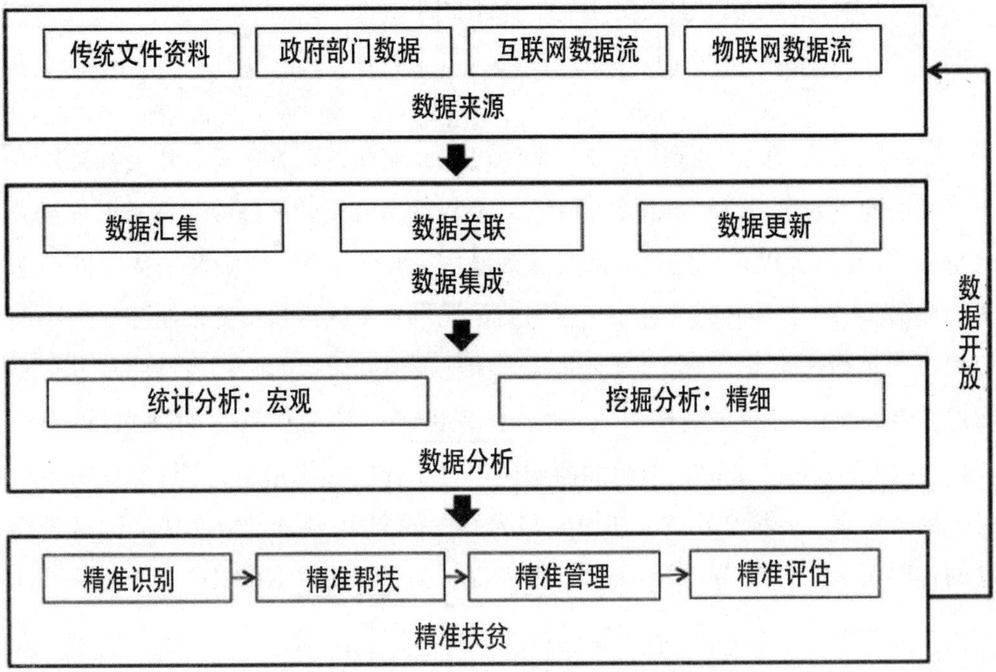


首先，以海量数据夯实精准扶贫的信息基础。大数据技术为我们的生活创造了前所未有的可量化的维度，过去不可计量、难以存储、不易分析和不方便共享的很多东西都可以被数据化。[②] 大数据、云计算、物联网等新一代信息技术的发

① 陈之常．应用大数据推进政府治理能力现代化——以北京市东城区为例［J］．中国行政管理，2015（2）：38－42.

② 姜义华．大数据催生史学大变革［N］．中国社会科学报，2015－04－29.

展使政府获取扶贫数据资源的渠道更多、范围更广、程度更深。一是改革开放以来长期扶贫开发积累下的历史文件资料，如传统的文件、档案等纸质文本和各种格式的文档、图片、视频等结构化和非结构化数据，使其成为精准扶贫的重要历史资源。二是激活各级政府掌握的地理、资源、农业数据，扶贫信息系统内部数据和民政、卫计、公安、人社、房管等相关部门管理信息系统里的数据，实现跨层级、跨部门的数据共享和整合，强化精准扶贫的政府内部数据支撑。三是抓取互联网上电商交易、社交互动和网络问政等方式主动产生的相关文字、图片和视频等信息数据，提升精准扶贫的精准度和回应性。四是整合物联网时代传感器、摄像头和智能终端等扶贫开发项目设备接入网络后，通过感知系统源源不断自动产生的数据流，实现对精准扶贫项目推进的实时测控和精准监管。利用机器学习、自动文本分析、数据检索分类工具等大数据技术方法，结合互联网和云计算等技术全面感知扶贫地区地理、资源、农业、林业、经济、旅游具体情况，并通过网络地图、标签云、历史流图等大数据可视化技术，为推进精准扶贫决策提供数据支撑。

其次，以数据集成实现精准扶贫的数据关联。涉及扶贫的大数据来源极其广泛，包括各级政府储存的历年扶贫数据、贫困人口基础信息数据、贫困地区的地理与资源以及经济数据等，数据类型多样，数据结构繁杂。因此，要探索这些大数据的规律性，必须先将不同来源的多样化数据进行标准化汇总和清洗，汇聚整合成大数据集成系统。数据集成并不是一项全新的技术，传统数据库领域已有了比较成熟的研究，[①] 主要分为数据汇集、数据关联和数据更新。数据汇集，是指集中各渠道的扶贫数据后进行数据清洗，删除重复的数据，然后再用统一的标准进行结构化存储。数据关联，是指从数据中提取出实体和关系，然后探索海量数据中的关联性，从而描述其规律。数据更新，是指在数据集成中建立长效的更新机制。目前，商业领域已实现了海量多源异构数据的集成，并且通过智能化和可视化的技术平台实现了高效、便捷的数据处理，这为扶贫大数据的集成提供了经验借鉴。

再次，以数据挖掘分析精准扶贫的数据规律。数据分析是大数据应用流程的

---

① 孟小峰，慈祥．大数据管理：概念、技术和挑战［J］计算机研究与发展，2013，(1)：146－169.

核心，大数据的价值产生于分析过程。数据挖掘，是指从大量的、模糊的、不完全的、随机的数据集合中提取有规律性的信息。为识别海量数据中隐藏的某种规律，就需要通过数据挖掘和数据建模，利用模型发现数据的关联性、规律性，实现数据分类、聚类、关联和预测，为精准扶贫的创新提供重要的技术理念和数据参考。“一年的数据、一个地区的数据看不出太多的章法，随着跨年度、跨地区的数据越来越多，群体的行为特点会呈现出一种‘秩序、关联和稳定’，更多的规律将浮出水面”。① 因此，数据挖掘通过贫困人口收入、教育、住房、医疗、消费等基础信息数据库、贫困地区经济发展数据库和贫困地区地理、气象、资源、农业数据库的数据中挖掘出隐含潜在价值的信息，实现对贫困人口的精准识别和扶贫模式的预测。如甘肃的精准扶贫大数据平台，可以对全省贫困人口和年度预脱贫人口的对象分布、致贫原因、健康状况、教育程度等情况进行全面分析，并通过可视化分析为精准脱贫提供宏观全面的数据参考。

最后，以数据开放推动精准扶贫可持续发展。“推动大数据的开放首先应建立大数据官方网站”。② 通过建立精准扶贫大数据官方网站平台可以向社会发布信息，吸引广大社会群体、志愿者等在平台上注册，汇聚全社会力量和资源参与到精准扶贫活动中来，构建社会化和多元化的扶贫主体格局。在大数据时代，扶贫数据及其背后所蕴含的重要信息是推进新一轮精准扶贫开发工作重要的支撑。数据开放有助于发挥数据的利用价值。向社会开放扶贫数据，有利于社会多元主体利用这些数据资源进行加工、开发和再利用，进一步盘活数据潜在价值，使其成为新的财富来源。例如，上海在2015年11月向社会开放每一辆公交车实时的GPS数据，很多公司就利用这些数据开发了相关App使人们通过手机就知道下一班车现在在哪儿，还要多久才能到。③ 通过社会多元主体开发利用所产生的新数据又可以成为新的数据源，从而形成精准扶贫数据更新的良性循环机制。

美国的布鲁金斯学会较早地运用了电话和手机移动数据开展政策研究，提高政策研究的精准度。近年来，布鲁金斯学会使用移动电话数据对塞内加尔境内新

---

① 涂子沛．大数据［M］．桂林：广西师范大学出版社，2012：54－58.

② 刘兰，闫永君．澳大利亚公共服务大数据战略研究［J］．图书馆学研究，2014，(5)：47－51.

③ 孟庆国：大数据与政府治理创新，来源：中国教育信息化在线，2016年4月13日。

修的高速公路开展项目绩效评估，使用固话和手机通话数据进行贫穷识别。此处以大数据识别地区贫困程度为例，介绍布鲁金斯学会对大数据的运用。本案例是美国布鲁金斯学会在非洲塞内加尔所完成的一个项目。项目的主要内容是对塞内加尔全国的贫困情况进行诊断，对各地区的贫困程度进行描述。对于贫困的描述，传统的方法需要收集各地区的经济数据，特别是居民收入与消费的数据。但是，姑且不论这些数据的收集需要花费大量的人力物力，数据本身的真实性也存在一定的疑问。因此，对贫困的诊断需要更真实和便捷的数据。布鲁金斯学会的研究人员独辟蹊径，通过通话衍生的大数据来进行地区贫困程度的描述，具体步骤如下：

### 1. 通过通话数据反映大数据来描绘贫困状况

减轻贫困的第一步是要产生贫困地图。贫困地图描绘的传统方式是基于全国具有代表性的家庭调查。但是，电话的普及，其通话数据记录可以有效地反映人们的社会交往和经济往来，其数据信息可被用来更高效地创造更详细、更精细的空间分辨率的贫困地图。

### 2. 描绘全国性的贫困地图

首先，研究人员将国家定义为一个虚拟网络，一个“谁呼叫谁”的网络。这一网络可以准确地反映出宏观层面的人与人之间的联系和社会关系、信息和知识的传播以及经济交流和服务的扩散。其次，测量塞内加尔各个地区的通信量，形成塞内加尔的虚拟网络。具体结果见图 2。图中的圆表示各地区的首府，而这些线则对应着他们之间的移动通信量。较粗的线代表更高的通信量。更大的圆圈意味着该地区有更多接收到和输出去的通信量。

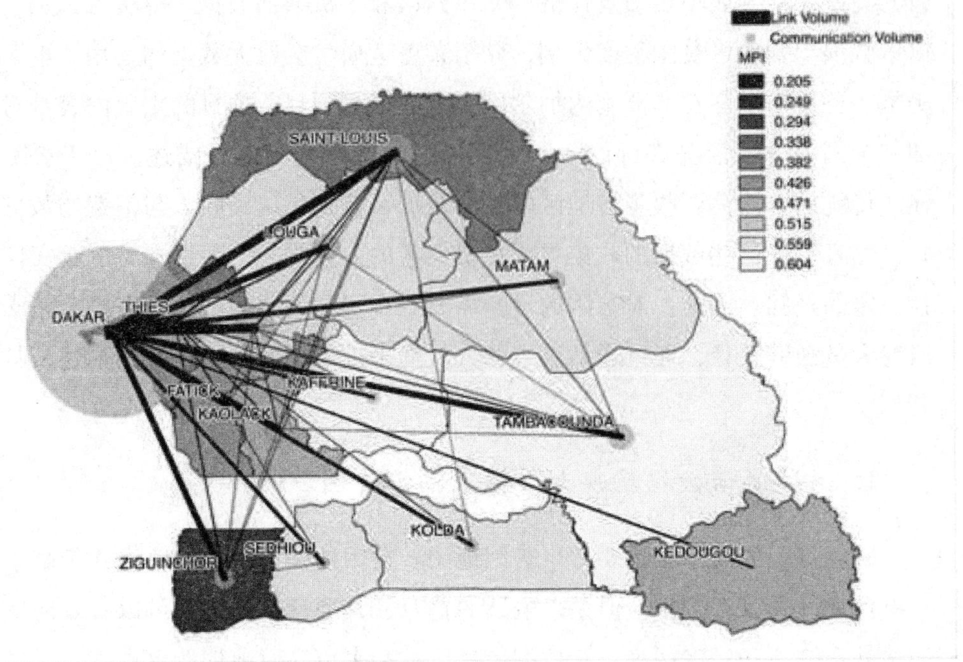


图2　以 MPI（多点接口）作为覆盖的塞内加尔虚拟网络

图2还显示了区域贫困指数。高贫困指数对应相当贫困的地区，在地图上显示为更浅的颜色。有很粗线的地区贫困程度较低。从图2可知，最为贫困的那些地区也是与外界交往最少的地区。

3. 描绘郡的贫困地图

首先，确定塞内加尔的各个区域的经济中心地区。其次，计算出一个区域中所有郡的集中性程度。最后，将这些区域集中性程度与贫困指数建立一个回归模型，预测每个郡的贫困指数。详见图3。越贫困的郡显示的颜色越浅，贫困指数值也越高。

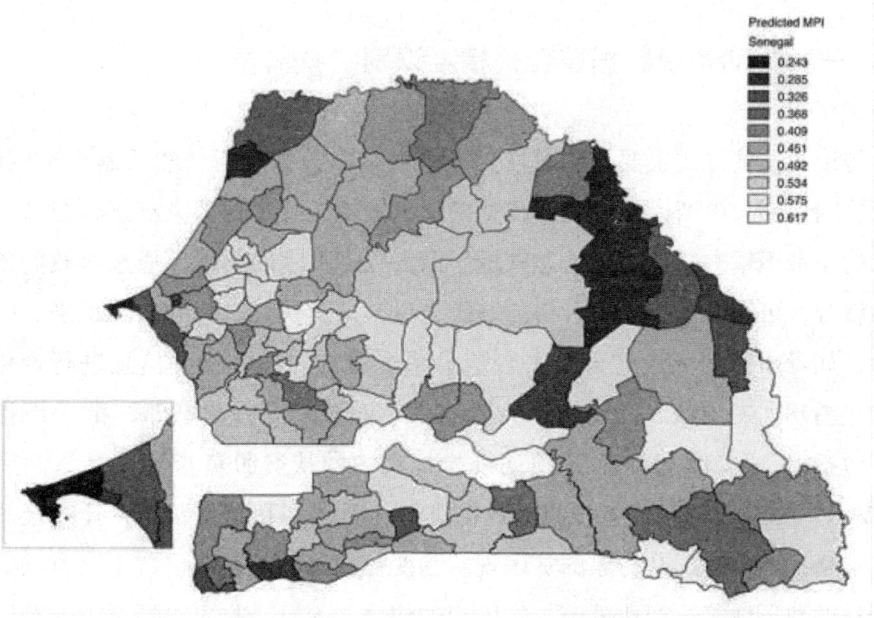


图 3　预测以 MPI 作为覆盖的塞内加尔郡级贫困地区

## 三、基于大数据应用的我国地方精准扶贫实践经验

2013 年，党中央提出“精准扶贫”要求后，全国各地开始探索实施精准扶贫、脱贫战略。2014 年，全国扶贫开发建档立卡工作基本完成，相关信息全部录入全国扶贫信息网络系统，为精准识别、帮扶与管理奠定了一定基础。在中央的统一部署下，广东、江苏、江西、重庆等省份先后借助大数据技术等现代化信息手段，结合自身实际建立起了大数据扶贫信息平台系统，进一步打造了精准扶贫大数据，在精准识别、精准帮扶和精准管理过程中进行了精准扶贫探索，取得了一定经验。

### （一）推动条块数据整合，精准识别“扶真贫”

传统的扶贫方式主要基于对贫困人员的样本数据分析，然后制定贫困标准，再由贫困户个人申请，县乡政府筛查确认出贫困人员和贫困家庭进行帮扶。扶贫对象的识别不精准，且缺乏动态管理。而大数据技术的出现，通过对政府条块数据的整合，可以识别排除不合格的贫困人口，这对扶贫对象的精准识别有很大的帮助。如贵州通过“扶贫云”平台信息系统将贫困户的相关信息进行量化，根据“一看房、二看粮、三看劳动力强不强、四看有没有读书郎”的一级指标建立了包括18项二级指标、48项三级指标在内的扶贫脱贫指标体系，然后通过“扶贫云”对扶贫对象的各项指标数据进行比对识别和动态跟踪，让各级政府可以更加精准地了解扶贫对象的贫困现状和变化情况。该系统包含了全省的贫困现状、村的地形地貌、产业分布，贫困户的住房、人口、收入等情况。安徽滁州市将相关部门的家庭状况“大数据”进行整合，并通过“居民家庭经济状况核对平台”对全市15.68万在册低保对象的个人信息进行自动查询和实时比对，扶贫对象的房产、车辆、税务、社保、婚姻状况等信息将一目了然；江苏宿迁市的泗阳县也不断加大申请救助家庭经济状况核对平台建设，并积极协调各部门加快数据共享对接。截至目前，核对平台已共享对接了10个部门21条数据，实现实时核查居民共同生活家庭成员的纳税记录、车辆登记、户籍、养老保险、婚姻登记、不动产登记、公积金、房产、在职、退休、失业、医疗等信息，及时了解救助对象家庭的实际经济状况，科学核算和掌握申请救助家庭收入和财产状况。在广东，惠州市惠城区通过“精准扶贫工作动态管理平台”对贫困户实现了动态管理和及时调整，贫困户达到收入目标即可出列。贵州省贵阳市通过上线大数据精准帮扶平台，整合了扶贫、民政、卫计、人社、住建、残联、统计、国土等行业数据，建设了统一的扶贫数据库，实现了全市扶贫信息资源的融合共享。该平台的对象管理系统通过建立“贫困人口识别模型”，把多个相关部门的业务数据和传统贫困人口“两公示一公告”的识别模式相结合，进而达到快速、精准识别低收入困难群体的目的。

### （二）挖掘数据潜在价值，精准帮扶“真扶贫”

随着扶贫开发的纵深推进，我国扶贫工作已进入了“啃硬骨头、攻坚拔寨”的冲刺阶段。在这一阶段中，剩下的都是“难啃的硬骨头”，他们的贫困问题更加复杂，致贫原因更加多元，扶贫难度越来越大，这迫切需要改变以往“大水漫灌”的扶贫方式，需要根据实际情况充分发挥“滴灌”效应，对贫困人口实行个案帮扶，因户施策。大数据思维和技术的出现，通过对海量扶贫信息数据潜在价值的挖掘，可以在一定程度上使得帮扶措施更加精准、高效、个性化。广东通过扶贫信息管理系统将扶贫对象及致贫困原因进行分析，创新性地通过“靶向疗法”实行分类指导，采取“一村一策、一户一法”，制定每个村、每户农户的具体的帮扶计划和帮扶措施。广东佛山还将省扶贫信息管理系统上的数据与民政、教育、财政等职能部门数据对接并进行汇总分析，对致贫原因的分析更加精准，进一步实现了精准决策精准规划、精准施策精准监管；海南省三亚市通过精准扶贫数据库管理系统对扶贫对象及其致贫原因进行大数据分析，为其量身绑定了系列扶持措施。其精准扶贫数据库管理系统不但有 PC 端，还建立了手机 App，可以随时随地了解贫困村、贫困户信息，还可以通过系统判断贫困户离脱贫还有哪些不足，给予最精准的帮扶。同时系统还会匹配派送帮扶任务给帮扶责任人，推动三亚扶贫工作更精准、更高效。四川广元市的青川县凉水镇打造了“凉水镇脱贫攻坚大数据平台”，按照“六有”采集每户贫困户信息，建立数据化模型分析致贫原因，为精准施策提供有力依据，实现了脱贫攻坚数据分析的“全统筹”。同时，精准帮扶还要因地制宜，重庆市在扶贫实践中初步建成覆盖深度贫困空间的扶贫地理空间数据库，集合电子地图、实景三维等 7 大类、64 小类数据，特别采集汇总 18 个乡镇的高分辨影像、全景影像等精准数据，为深化进一步推动精准帮扶提供了的时空信息支撑。湖南移动自主研发建设的“精准扶贫系统平台”，主要是通过互联网 +、云计算、大数据等先进技术开发的精准扶贫综合信息化服务平台。可随时通过电脑、笔记本和手机等多途径操作，信息的采集更加及时精准和详细全面，包括人均收入、劳动力、住房、用电、交通、饮水情况，以及大病保险和在校学生情况等，都有清楚的记录。贵州通过对贫困数据的提取分析，可以展示贫困人口的致贫原因，包括：因病、因残、因学、因灾、缺土地、缺水、缺技术、缺劳力、缺资金、交通条件落后、自身发展动力不足等。通过致贫原因分析，协助制定精准的扶贫措施。

### （三）动态管理扶贫全过程，精准监管“扶贫真”

在精准扶贫实践中，各省各地区通过扶贫信息大数据平台的建设整合了海量数据，这为实现扶贫主体、扶贫项目的全面全过程的精细化管理和动态化监管提供了重要机遇。甘肃省建设了我国第一个精准扶贫大数据管理平台。[①] 平台设省、市、县、乡、村5个层级，开发了扶贫对象、扶贫措施、扶贫成效、数据分析、绩效考核5个管理子系统，利用大数据技术实现了扶贫对象动态管理、扶贫措施监管落实、扶贫成效分析评估、绩效考核奖惩的工作闭环机制。同时，甘肃通过大数据管理平台，可以对全省人口和预脱贫人口的对象分布、致贫原因、健康状况、教育程度等情况进行直接全面分析，对各项扶贫举措进行过程管控和动态管理，促进扶贫目标按期实现。江西省建立起精准脱贫大数据库和数据中心，实现各级相关部门关于贫困村和贫困户的信息共享，全省脱贫攻坚数据共享和各相关行业部门的信息互通，为开展精准脱贫实施方案提供事先预警、事中监控、事后评估等监管考核功能。广西南宁市建立脱贫攻坚大数据平台，采取多部门数据联网形式，全面采集贫困人口、贫困村、移民搬迁对象等的基础数据，实现扶贫系统数据大集中，系统建成完善后还能实现挂图作战、清单管理等的展示功能，多维度地展示脱贫攻坚各项工作的进展、成果及趋势，同时可向相关部门及社会公众提供扶贫信息查询、投诉举报、信息互动、政策导航等服务，为脱贫攻坚决策提供有效的信息化支持。广西玉林市的博白县利用大数据紧锁扶贫漏洞，将2.5万公职人员及其家属的姓名、身份证号码、住址等信息串联创建数据库，并用科技手段将其与汇集到博白县民生资金电子动态监管平台，与平台的50多项共60多亿元的扶贫资金发放数据进行比对、分析、甄别，精准捕捉问题线索，彰显了科技反腐的威力。四川泸州市叙永县研发的脱贫智慧管理平台可以直观呈

① 甘肃省建成全国首个精准扶贫大数据管理平台，来源：新华网，2016年1月19日。

现县乡村三级贫困区域及人口分布，随时查看扶贫措施落实、贫困户对标脱贫、帮扶干部履职等情况并进行大数据分析。能随时从系统中调阅贫困户的资料，如贫困户“一超六有”情况，就能通过照片和文字共同印证，促进帮扶责任人更具体、更有针对性地开展帮扶工作，同时，系统的痕迹化管理，也对帮扶干部按实开展帮扶工作起到约束和记录的作用。贵州的“扶贫云”通过与民政、教育、财政等部门的数据对接和大数据分析，把扶贫项目的分布状况、实施进度、资金报账等信息，以工作流的形式直观呈现，实现了从项目申报、立项批复、资金划拨、实施监督、检查验收全过程的精准监管、动态监管。湖北随州市建设扶贫大数据系统，包括有异地扶贫搬迁、教育扶贫资助资金、扶贫小额信贷资金等12项受惠人员信息，与房产、工商、税务等数据比对后，可以为扶贫反腐工作提供线索和证据。该系统开通了贫困户掌上反馈渠道，保证了一手扶贫数据的及时更新，从而及时预警群众返贫迹象，支持扶贫措施改进。

## 四、进一步借助大数据实现精准扶贫的建议

当前，我国扶贫开发工作已进入了“十三五”时期的“攻坚拔寨”新阶段。虽然上述省份对应用大数据探索精准扶贫方面取得一定经验，但是存在国家层面缺少顶层设计、部门数据难以互通、大数据收集不够全面和技术手段运用不充分的问题。结合广东、甘肃和贵州等省份借助大数据进行精准扶贫探索的宝贵经验，我国在“十三五”精准扶贫新阶段要进一步增强大数据应用意识，全面统筹整合扶贫大数据（见图4），努力确保精准识别、精准帮扶和精准管理，脱贫后进行精准评估与预警，及时干预、预防返贫，切实提高精准脱贫成效。

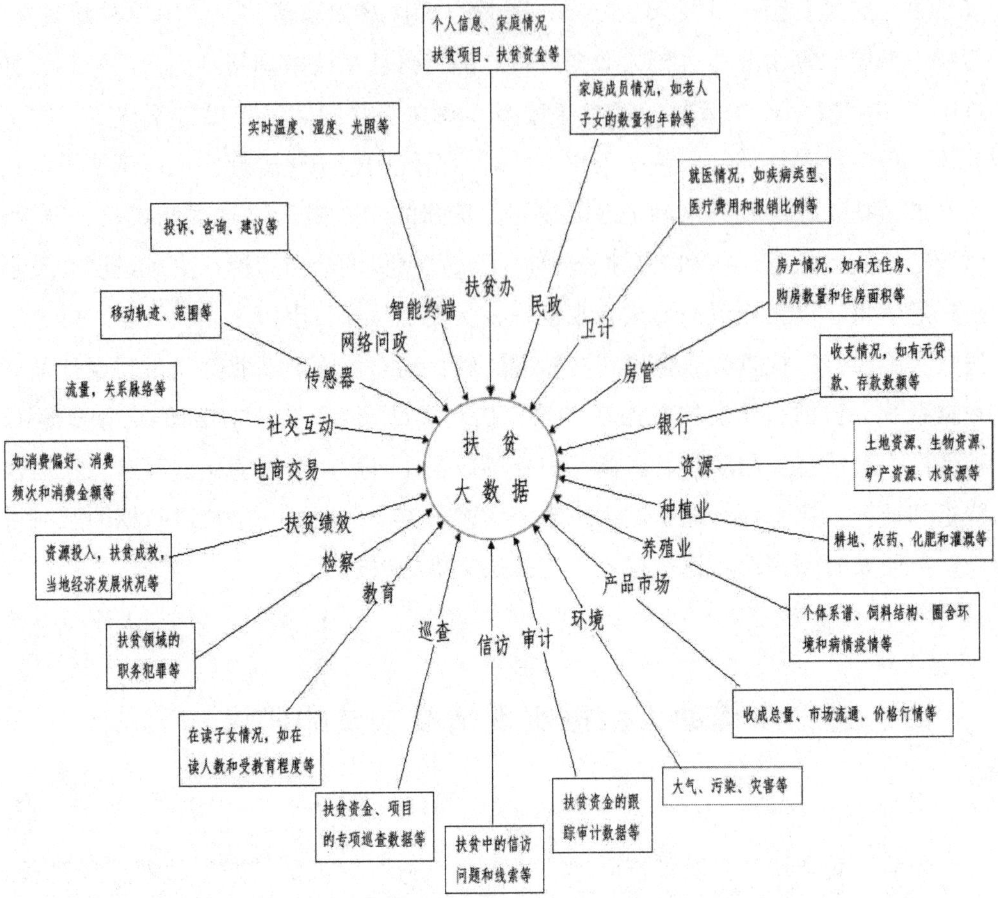


图4　精准扶贫大数据

## （一）促进数据完整与互通，增强精准识别能力

精准识别主要是通过有效、合规的程序，准确识别扶贫对象。传统的“精准识别”环节在实践中常常因为“规模控制”和“集中连片扶贫开发”等政策规定以及识别过程中的操作不当等，会在精准识别环节中存在“规模排斥”“区域排斥”和“识别排斥”等问题。① 根据西蒙的“有限理性理论”，由于信息缺失和信息不足，决策者的理性是有限，不能进行完全的理性判断和选择。在大数据

① 邓维杰．精准扶贫的难点、对策与路径选择［J］．农村经济，2014，（6）．

时代，以大数据为支撑的精准识别机制将能有效解决信息不足和数据不准确等问题，大规模高效的多方位、各层次数据采集和数据挖掘为精准识别提供了丰富的信息数据和重要的技术支撑。如大数据已在国内部分理工科高校中成为隐形扶贫的利器，中科大2004年开始“隐形资助”计划，学校检测到学生每个月在饭堂的消费低于200元时，就会自动给学生的一卡通打生活补助。电子科技大学研发了一套“智慧助困系统”，通过智慧助困系统采集到4大类、40余个小类的上千万条数据，再通过大数据挖掘与分析，自动生成家庭经济困难学生建议名单。又如南京理工大学为识别贫困学生，通过对在校本科生的饭卡刷卡纪录进行数据分析，将每个月在饭堂吃饭超过60顿、一个月消费不足420元的同学识别为受贫困资助对象，通过“暖心饭卡”项目“偷偷”给学生饭卡充钱。[①] 受助学生无须填表申请，也不用审核，这可谓大数据精准识别的创新实践。当前，大数据的发展极大地丰富了精准识别的扶贫数据资源，但仍需要进一步收集外部数据和促进数据互通。首先，促进“建档立卡”建立起的扶贫信息系统的层级互通。通过大数据技术的应用，促进扶贫信息系统数据的横向和纵向层级互通，每一个贫困户的个人信息、家庭情况、致贫原因和享受政策等数据都能在系统上一目了然，解决数据虚报和瞒报等问题。其次，促进扶贫信息系统数据与政府各级相关部门数据系统的对接。特别是实现与民政、医疗卫生、公安、人社、房管等部门所掌握的居民基础数据信息进行共享。民政部门掌握居民的家庭成员情况，如老人、子女的数量和年龄等数据；教育局部门掌握居民的在读子女情况，如在读人数和受教育程度等数据；医疗卫生部门掌握居民及其家庭成员的就医情况，如疾病类型、严重程度、医疗费用和报销比例等数据；房管部门掌握居民及其家庭成员的房产情况，如有无住房、购房数量和住房面积等数据；银行、证券掌握居民及其家庭成员的收支情况，如有无贷款、存款数额、股票证券等数据。通过大数据技术的应用，不同部门的系统对接成为可能，跨部门数据共享将进一步夯实精准识别的数据基础。再次，收集社会数据，丰富贫困识别的背景数据。随着大规模高效抓取网络数据技术的推广，互联网上贫困地区的电商交易、社交互动、新闻评论和网络问政等方式主动产生的相关文字、图片和视频等信息都将成为精准识别

---

① 大数据“精准扶贫”，南京理工大学“偷偷”给贫困生饭卡充钱，来源：澎湃新闻网2016. 3. 16.

的重要外部数据资源。例如贵州已经开始了探索通过打造“扶贫云”来甄别贫困人口，即主要使用大数据技术采集、比对内、外部数据，对贫困人员实施全面真实地识别与评估。如黔西南州通过接入贵州省精准扶贫大数据支撑平台试点运行以来，通过比对发现该州建档立卡贫困户中登记上牌购买小轿车、客车、商品房、房屋类不动产登记信息。该州经过核实、检查、比对，对不符合建档立卡贫苦户人员进行了清理，真正做到精准扶贫。这样不仅能提升精准扶贫的精准度和回应性，还可以有效避免有意无意的疏忽造成部分真正的贫困户被排除在外，如因大灾、重病、突发事件等原因造成家庭刚性支出远远超出家庭的承受能力但却没能成为政府社会救助帮扶的“支出型贫困”群体。[①] 确保既不漏掉一个贫困对象，也不把一个非贫困对象纳进来，切实解决好“扶持谁”的问题。

### （二）深入挖掘数据价值，制定精准帮扶措施

精准帮扶，即根据扶贫对象的贫困情况确定责任人和具体帮扶措施，这是精准扶贫的关键。精准扶贫要求对症下药，真正扶到点上、扶到根上。深入分析致贫原因，逐村逐户制定具体帮扶措施，确保在规定时间内达到精准脱贫，这是精准扶贫在实践中遇到的最大难题，同时也是大数据分析最具优势的地方。首先，深入分析扶贫开发的历史数据资料，挖掘成功脱贫的普遍经验和规律。改革开放以来，我国的扶贫开发使得大部分农村贫困人口成功脱贫，同时也积累了重要的扶贫资料数据。通过自动文本分析等大数据分析方法的应用，细致分析脱贫案例数据背后的规律和特点，深入挖掘成功脱贫实践中的经验和启示，可以用于指导精准扶贫攻坚战中的精准施策。其次，建立贫困地区及周边的人口、资源、环境、农业生产和产品市场等数据库，对其进行关联分析，深入挖掘脱贫之策。人口信息数据主要包括人口总量、性别、年龄、收入、职业、技能等基本数据、贫困人口的分布状况和致贫原因等扶贫数据，资源环境数据主要包括贫困地区及其周边的土地资源、生物资源、水资源、旅游资源和土壤、大气、水质、气象、污染、灾害等数据，农业生产数据主要包括耕地、良种、育苗、播种、农药、化肥

① 路锦非，曹艳春．支出型贫困家庭致贫因素的微观视角分析和救助机制研究［J］．财贸研究 2011，（2）：86－91.

和灌溉等种植业数据以及个体系谱、个体特征、饲料结构、圈舍环境和病情疫情等养殖业数据，产品市场数据主要包括收成总量、储藏加工、市场流通、物流成本、供求信息、价格行情以及利润获取等全过程数据。[①] 通过对这些地区数据全面综合的科学分析，可以为全面制定精准帮扶机制措施提供数据支撑，也可以因地制宜实行分类指导，采用区域经济协作帮扶、农业产业化帮扶或特色旅游帮扶等模式，优化精准施策的方式和成效。最后，基于扶贫对象个人数据的关联分析和深入挖掘，可以精准掌握每个扶贫对象的致贫原因和贫困程度，聚焦需求，明确靶向，优化帮扶机制实现“一户一策”个性化精准施策。如整合、分析扶贫信息系统及民政、医疗卫生、公安、人社等部门掌握的居民人口信息数据，和反映居民收入流量、财产存量和支出变量等社会数据，精准分析扶贫对象的个人情况、致贫原因和贫困程度，精准掌握扶贫对象对项目、资金、劳力、技术等方面的脱贫需求。进而，利用大数据对这些需求进行挖掘与精细分析，实现对扶贫对象的需求预测，为扶贫对象的危房改造、补助领取、医疗报销和专项贷款等相关政策帮扶提供个性化服务推送，并开通“绿色通道”为扶贫对象简化相关审批程序和办理流程。例如，甘肃在扶贫实践中就通过精准扶贫大数据平台与新农合报销平台的无缝对接，使得贫困户在医院就医时，可以通过自动享受特殊优惠政策而简化报销流程。如贵州黔西南民族职业技术学院通过接入贵州省精准扶贫大数据支撑平台，在 2017 年开学季前就精准识别了 1078 名建档立卡贫困生，然后以短信方式通知他们入学时可以免收学费，通过“绿色通道”直接报到入学。这极大地简化了以往学校贫困生要先垫付学费，开学后提供相关证明审核通过再返还学费的非必要流程。

### （三）加强数据跟踪监管，提升精准管理水平

在完成对扶贫对象的精准识别、精准帮扶后，最重要的是加强对项目落实和扶贫资金过程的精准管理。要实现精准管理，必须借助大数据技术，对精准帮扶的资金、措施、进展进行实时追踪，及时反馈与修正。首先，借助大数据实现扶

① 许世卫．农业大数据与农产品检测预警［J］．中国农业科技导报，2014，（5）：14－20.

贫数据的层级互通，实时抓取各种扶贫数据，实现纵向数据跟踪监管。在大数据时代，数据流通呈现扁平化和即时性的特点，通过数据层级互通和数据共享，消除数据壁垒和信息孤岛。大数据时代的精准监管将不再依赖层层上报的总结汇报和数据信息，而是实时抓取真实数据，政府管理者可以直接在大数据管理平台上查看贫困户的相关信息和帮扶进度，进行动态跟进和监管。这就像是打开“谷歌地球”软件，从地球的俯瞰图，到几大洲，再到国家，最后能够精准定位到每一条街道。其次，推进政府部门数据的有效对接，实现数据甄别、共享与比照，加强多部门综合监管。一方面，通过大数据将财政、民政、医疗卫生、人社、房管等各部门各行业的综合数据以及互联网数据充分利用起来，对扶贫项目的实施推进与资金的使用进度情况进行全面综合分析，全过程保障扶贫项目的精准到位，保障专项扶贫资金的有效运行，最大程度发挥出扶贫资金的使用效益。另一方面，通过大数据将审计、巡查、信访和检察等部门的监管数据打通起来共用共享，促进监管部门加强协作，发挥出各自的职能作用。如审计部门对扶贫资金的跟踪和审计结果的数据，巡查部门开展专项巡查发现扶贫问题的数据，信访部门排查扶贫中的信访问题和线索的数据，检察机关查办扶贫领域职务犯罪的数据，等等。最后，开放扶贫数据并引入社会多元主体的共同监督，实现多元主体的全方位监管。大数据时代的数据开放已成为各个国家、各个领域抓住大数据机遇和应对大数据挑战的普遍做法，精准扶贫领域也不例外。在确保数据安全和隐私保护的基础上，通过向社会开放扶贫相关数据，有助于建立健全精准扶贫的社会监督机制，实现精准帮扶举措和帮扶资金流向的公开透明和监督落实。总而言之，在大数据时代，基于大数据的应用将进一步优化精准扶贫的管理机制，实现在精准帮扶进程中加强直接、动态的全过程、各方位和多层次的全面监管，切实提高精准扶贫的成效。

### （四）构建数据监测体系，实现精准评估与返贫预警

为确保减贫数量和脱贫质量，实现精准脱贫，需要构建针对扶贫全过程的智能监测系统，对扶贫过程实施实时、动态的监测，跟踪、评估扶贫效果和进行返贫预警。首先，建立扶贫绩效管理信息系统。扶贫管理机构围绕扶贫目标，设计

绩效评价指标，设定绩效目标值和明确数据源，以此为基础开发扶贫绩效管理信息系统。该系统包括四大数据库，分别是扶贫人员和资源投入数据库、扶贫措施与活动数据库、扶贫对象脱贫数据库和当地经济社会发展数据库。通过信息系统，应用大数据技术，全面抓取贫困对象的基本信息和持续采集帮扶措施以及扶贫进程与效果的数据信息，实行动态评估和实时管理。大数据精准扶贫绩效评估系统的应用可以实现对精准帮扶工作推进情况的全方位、全过程自动监测，同时可以即时生成数据评估报告，有利于掌握精准脱贫成效，及时发现问题并查找对策。其次，建立返贫预警监测系统。建立返贫监测指标体系，构建基于大数据的返贫预警监测系统，以贫困人口救助、医疗、教育、收入、住房等人口基础信息数据库和贫困地区经济景气监测数据库等为基础，对贫困地区和贫困户实施智能实时监测评估，避免出现边脱贫、边返贫的现象。如贵州也开始探索通过“扶贫云”健全贫困监测体系，并采用大数据手段采集与贫困人员和扶贫项目相关数据来加强自动监测与全面评估。通过大数据智能监测体系将脱贫对象纳入统一管理，是基于脱贫对象个体数据的持续跟进和精细分析，智能监测相关数据指标，可以实现对脱贫对象的返贫预警，例如针对脱贫后因缺乏帮扶又逐渐返贫的脱贫对象，即时预警做到防患于未然。特别是针对脱贫后又突遇大灾、重病、建房等大额刚性支出而突然返贫的群体，应该及时预警做好相关帮扶举措。大数据智能评估体系的应用不仅有利于实现脱贫认定的精准评估，而且实现了对脱贫对象的智能追踪和返贫预警，真正做到了精准识别“扶真贫”、精准帮扶“真扶贫”和精准脱贫“扶贫真”。

# 第三章　大数据在公共服务中的运用

大数据技术的发展，为公共服务的规范、高效与精准以及智慧化供给和科学的服务决策提供了技术保障。大数据的应用有利于政府公共服务决策的科学化、供给的精细化和体系的现代化。[①] 因此，大数据技术被广泛应用于居民社保、便民服务、医疗服务、教育文化公共服务等领域。

## 一、居民社保服务的大数据运用

在居民社保服务领域，社保部门可以收集和运用公共基础信息数据、社保卡信息、基层平台等大数据源，通过数据汇总、数据分析、数据识别等大数据技术，实现科学决策、信息共享、精准识别等功能。具体见表3－1。

**表3－1　大数据在居民社保服务中运用的原理**

| 大数据源 | 数据处理 | 功能实现 |
| --- | --- | --- |
| 公共基础信息数据库、社保卡信息、基层平台、人设数据中心、户籍人口数据等大数据 | 数据汇总<br>数据分析<br>数据对比<br>数据识别 | 科学决策<br>信息共享<br>精准识别<br>智能监控 |

① 陶国根．大数据视域下的政府公共服务创新之道［J］．电子政务，2016（2）：68－73.

我国地方社保部门运用大数据开展服务的典型例子如下：

山东省淄博市临淄区建设了人力资源和社会保障公共基础信息数据库系统，依托“社保卡+基层平台+大数据”服务模式，努力实现群众办理业务“不填表、不交证、最多跑一趟”的目标。居民只需要提供一张社保卡就可以办理就业创业、人事人才、养老医疗、劳动关系等人社业务。临淄人社公共基础信息数据库与就业创业、社会保险、人事人才、劳动关系等业务系统相结合，能够实现对各项业务数据的统计汇总和科学分析功能，可以分析全区居民的就业、参保、年龄、学历等情况，为实现精准就业、全民参保、提升技能和专业技术水平提供数据分析，为各级领导科学决策提供参考依据。

浙江省衢州市社保局的参保登记采取上下结合、先进行数据比对、再进行登记（核对）的递进方法。首先是区社保部门对已有的信息经过清理比对后直接确认；其次是通过基层平台对未参保人员信息或缺失、有误的信息进行补录改正后完成确认；最后则以乡村为主组织工作人员进村入户进行调查确认，对上述信息进行登记、入库。通过环环相扣的工作流程，建立起全面、完整、准确的“衢江区社会保险基础数据库”，并通过系统自动更新、人工动态调查录入等手段全面实行动态管理。同时，区社保局还建立全民参保登记工作联动机制，打通与公安、民政、法院等多个部门的业务系统的对接，实现部门间信息资源共建共享。

安徽省芜湖市龙山街道利用大数据精准识别信息，通过对户籍人口数据、居民医疗保险参续保数据、职工养老保险数据和重残人员数据的比对，精准识别出50周岁以上未参保人员及重度残疾未参保人员。

甘肃省张掖市高台县打造“互联网+城乡居保”体系，充分利用移动互联网、大数据等新一代信息技术手段，将全县五险、城镇居民医疗保险、新农合、城乡居保、计生两户、残疾人、五保户等各项社会保障业务数据集中到数据中心，建立县级集中大数据平台，实现参保数据按月更新、类别数据按季更新。在原有缴费渠道的基础上，推出手机App缴费，参保缴费居民不仅可以通过下载甘肃农信手机银行App缴纳养老保险费，而且可以查询养老金账户和发放明细。

重庆市利用大数据核查手段对低保户的情况进行多方位筛查。在沿用传统低保申请听证、公示、重点核查等手段措施的同时，重庆市先后整合了民政、公安、人力社保、国土房管、金融、保险、工商、税务、住房公积金管理等部门和机构的有关户籍、机动车、就业、保险、住房、存款、证券、个体工商户、纳税、公积金等16类数据，并将这些信息全部联网，经过数据分析，只要在系统中输入申请人姓名和身份证号码，就可以对申领人的情况进行全方位筛查。如今，重庆已初步实现了部分低保核查大数据的整合，纵向满足了村社、街镇、区县和市四级经办服务需求，横向上则与相关市级部门实现了部分数据信息共享。

## 二、便民服务的大数据运用

在便民服务领域，政府部门可以收集和运用政务民生服务综合平台数据、数字城管平台数据、网络平台数据等大数据源，通过数据整合、数据分类、数据对比等大数据技术，实现提高服务质量、完善民生服务、提高办事效率等功能。具体见表3－2。

**表3－2　大数据在便民服务中运用的原理**

| 大数据源 | 数据处理 | 功能实现 |
| --- | --- | --- |
| 政务民生服务综合平台、数字城管平台、市民卡信息数据、网络平台数据等大数据 | 数据整合<br>数据分类<br>数据对比 | 提高服务质量<br>完善民生服务<br>提高办事效率 |

大数据在便民服务中运用的典型例子如下：

贵州省“云上贵州”是移动互联网上全国第一个省级政务民生服务综合平台。市民可通过App，轻松获取全省各级政府及政府部门提供的24小时在线政务和民生服务。云上贵州App平台，通过创新公共服务供给模式，将全省各级各部门的政务民生服务应用进行移动化和标准化改造并统一汇聚，实现统一对外推广和提供服务，让政务民生服务更加符合用户体验需求。

广东省珠海市政府首个掌上大数据便民服务系统在珠海市数字城管正式上线运行，该平台收集了珠海市各个区、镇的餐饮、交通、医疗、运动、租房、酒店等的大数据，实现了居民的一站式信息查询服务，市民只需要在手机下载安装相应的App，就可以免费享受到旅游出行、订餐住宿、上学就医的等查询服务。该大数据平台是在珠海市数字城管指挥中心原“城市管家”软件系统的基础上拓展开发而来。该中心充分利用信息化和网格化的优势，组织遍布全市的巡查员历时数月开展地毯式普查，全方位地把珠海市各个区域、各条镇（街）餐饮、交通、医疗、运动、租房、酒店、景点等涵盖衣食住行的各种最新信息收集起来，形成了海量信息，然后分门别类整理上传到“城市管家”系统，并且由数字巡查员每天巡查时进行实时录入补充，动态更新。

浙江省嘉兴市“我的嘉兴”是以嘉兴市民卡为入口，融汇连通“智慧嘉兴”城市大数据的嘉兴市城市生活服务平台。“我的嘉兴”App中的“我嘉生活”，包含了绝大多数城市生活信息和相应的服务功能，市民可查询实时路况、公交站点、公共自行车租赁网点、嘉兴天气等信息，办理市民卡充值、交通违法缴款等。“我的嘉兴”App为市民卡用户提供了很多实用的功能，比如在线查询市民卡信息、办理市民卡挂失和充值等。进入市民卡服务页面，可以为市民卡账户充值，用于医院诊间结算，节约看病时间。在健康方面，市民通过“我的嘉兴”App，可以在本市医院用手机预约挂号，目前全市已有5家三甲医院的体检报告与“我的嘉兴”联网。“我的嘉兴”中的“市民码”，将实体市民卡电子化，目前主要用于身份识别，随着相关应用环境逐步完善，将可用于各类支付领域。

山东省潍坊市通过整合政务服务热线以及应急管理、便民服务等资源，建设了多媒介热线服务系统，统一平台，一号对外。除了传统的电话方式外，群众通过登陆“潍V”，可以随时随地向热线反映问题和诉求，利用网络平台及时回应社会关切，畅通了市民网络诉求渠道。同时，该市通过对民意大数据进行分析、综合研判和溯源问责，提炼、发掘公众需求，打造社情民意综合分析“最强大脑”，增强政府政策制定、决策评估的针对性，通过大数据开放利用开辟惠民新通道。

福建省莆田市数字办、市大数据管理局开发推出了一款集便民、惠民、政务服务于一身的手机软件客户端——莆田惠民宝App。它提供个人信息查询、公共服务查询、网上办事、专题应用、在线支付等服务。惠民宝通过与大数据平台对接，形成“一人一档”。普通认证用户可查到个人的基础信息，如社保信息、公积金信息、车产信息等，而高级认证的用户不仅可以查到基础信息，还能查到自己的健康档案，该档案详细地记录了个人看病的历史及每次看病的具体处方用药。这些信息来源于政府各部门汇聚到大数据管理局的大数据平台，打破了信息孤岛，实现了信息交换共享。家长用户在 App 填写入学儿童的姓名和身份证号码，软件平台即可在线自动关联大数据平台获取入学儿童的公安户籍信息与学校划片信息，并自动进行校对查验，改变了家长提供各种材料线下排队，学校进行人工采集等传统报名模式，提高工作效率，方便百姓办事。

村民“大管家”是安徽省马鞍山市着力打造的群众服务新载体，村民“大管家”平台利用信息化、大数据技术，以镇、村、组三级网格化管理为基础，统筹整合了社区网格化管理、基层党组织、三级网上政务审批系统以及“天网”“地网”、社会治安电子巡更巡检系统等资源。村民可以通过微信公众号、门户网站、App 软件等多个渠道反映问题、提出诉求或是咨询政策，平台接收之后再下达派单指令，将信息派发给相关部门、网格员或基层党员处理。村民“大管家”平台设有民生服务、服务监督、关爱走访、巡查执法、综治联勤、农村公共设施管理等模块，可受理矛盾纠纷、社会治安、安全生产、应急管理、民生服务五大类共 90 多项事项。

江苏省南京市有关部门通过对退休人员相关大数据进行比对认证的方式，替代了以往的面对面认证。除了与民政、公安部门进行大数据比对之外，社保中心还会与医保信息进行比对，在医保信息中出现就诊记录也将视同认证。企业退休人员参加免费健康体检或社会化服务活动也可以作为视同认证。为了方便企业退休人员，南京市还开通了视频认证功能，退休人员可登录南京市人力资源和社会保障网查询市或区社保经办机构视频认证 QQ 号码，在与其社会化服务所属区经办机构 QQ 号取得联系后，即可进行视频认证。

广东省佛山市禅城区在“一门式”改革中利用信息化技术将政务服务数据沉淀为“大数据”，目前已沉淀了自然人、法人、城市部件和地理空间等数据超过 3 亿条，形成全区统一的政务大数据资源池，初步实现了政务大数据共享。在此基础上，禅城区于 2016 年 7 月 25 日宣布启动创建广东大数据综合试验区，拉开了禅城区大数据统筹发展的序幕，在已汇聚的海量数据的基础上，持续推进“一个库”“一张图”“数字禅城”等多项重点应用建设，在政务服务、公共服务、社会管理、行政决策和产业发展等各个领域通过标准化、信息化、数据化、人性化和阳光化这“五化”建设，梳理、整合、再造政府部门审批流程，打造了新型办事服务大厅，实现了一窗办、网上办、马上办、限时办、天天办和同城通办这“六办”目标。此外，禅城为了更加便捷、高效、简洁地方便群众，还打造了IMI身份认证平台，通过数据的授权认证进一步延伸服务，如“0”跑腿服务，推送办、自助填表、自然人全生命周期服务、主题办等各项人性化服务。

广东省佛山市祖庙街道围绕建立信息共享平台，与禅城区数据共享中心进行动态数据的接口对接，汇集累计的社区原始数据，激活“一门式”政务改革沉淀的数据。据统计，祖庙街道大数据中心目前收集沉淀了150多万条数据，为民生服务和决策分析提供厚实的数据基础。上线的“祖庙微服务”微信公众号，市民只要轻轻动动手指，就能在行政服务中心预约服务、查询排队人数、进行资料预审等，还能获取最新服务资讯，并享受政府主动推送的定制服务。祖庙街道将推动祖庙社会服务中心建设成为全街道民生综合服务的指挥中心，把过去两年推进“大数据·微服务”工作中整合的各部门、各单位民生数据资源及其决策分析成果，在一个更为综合性、立体化、开放式的平台上统筹配置，实现多样性民生需求与多元化社会供给之间的全域流通、精准配对。

广东省湛江市为实现全民健身，推动全民健身公共服务信息资源共享数字化建设，推动移动互联网、云计算、大数据、物联网等现代信息技术手段与全民健身相结合，通过政务云平台和政务信息资源共享交换平台，实现全民健身管理资源库、服务资源库和公共服务信息共享。利用大数据技术及时分析经常参加体育锻炼人数、体育设施利用率，进行运动健身效果综合评价，提高全民健身指导水平和全民健身设施监管效率。利用数字化资源、智能化技术、网络化传播，拓展全民健身公共服务能力和传播范围，支持发展健身信息聚合、健身App、智能健身硬件、健身在线培训教育等全民健身新业态。

安徽省亳州市数据中心通过对亳籍流动人口数据的分析，及时有效地了解在外务工人员的区域分布、行业分类，并根据网上办事大厅和“我家亳州”注册用户使用记录分析，向在外务工创业人员手机群发“老乡回家”的短信，第一时间推送电子家书。通过大数据分析，挖掘潜在创业机会，拓展商业渠道，增强公共服务大数据应用。数据中心现已整合、分析、入库了48家单位12.5亿条数据，形成人口数据库、企业数据库、电子证照数据库等基础数据库群，实现全市数据资源的整合共享。通过对公共服务领域的数据分析、挖掘和共享，了解社会消费领域以及社会需求等方面的发展趋势和方向。

浙江省温州市“志愿汇”平台是浙江省首个线上智慧公益平台，它打通原有省内60余个独立志愿服务平台，形成了志愿者大数据库、11个市级志愿服务管理平台、市民卡计时平台、志愿者守信激励平台、志愿服务网、志愿汇App、志愿服务支付宝和微信城市服务窗等一库三平台多终端。通过登录App、微信、支付宝、网站，不仅可以注册成为一名志愿者，找到感兴趣的志愿活动，甚至还可以发起志愿服务活动。最重要的是，平台还会记录个人的服务时数，并按照一定比例折算为公益币累计在个人账户中。利用公益币，志愿者可以享有公共政策、公共资源优惠，例如积分入户、养老服务、创业就业优惠等，还可以兑换公益礼品，如手机话费、电影票等。

## 三、医疗服务的大数据运用

在医疗服务领域，医疗卫生部门可以收集和运用社保卡信息数据、电子病历数据、健康档案等大数据源，通过数据整合、数据分析、数据共享等大数据技术，从而实现预测疾病、合理用药、改善医疗等功能。具体见表3－3。

**表3－3　大数据在医疗卫生服务中运用的原理**

| 大数据源 | 数据处理 | 功能实现 |
| --- | --- | --- |
| 社保卡信息、电子病历、健康档案管理平台、用药监测平台等大数据 | 数据整合<br>数据共享<br>数据分析 | 预测疾病<br>合理用药<br>改善医疗 |

大数据在我国地方医疗卫生服务中运用的典型例子如下：

山东省推进全民健康信息一卡通用，将以居民身份证号作为身份识别标志，以家庭医生签约服务为基础，以线上线下健身指导专家为有效补充，使用社会保障卡融合居民健康卡，共享全员人口、居民电子健康档案、电子病历、母子健康手册、体质测试数据与科学健身处方等信息，实现全省范围内全民健康信息一卡通用，推动覆盖全生命周期的一体化电子健康服务。同时全面建立远程医疗应用体系。建立健全基于移动互联网、大数据和云计算技术的分级诊疗信息系统，延伸放大医疗卫生机构服务能力，有针对性地促进“重心下移、资源下沉”。

广东省佛山市南海区卫计部门研发合理用药监测平台，所有医生开的药都会受到系统实时监测，从而形成一系列的大数据，用网络倒逼医生合理用药。广东省惠州市建立卫生综合管理信息平台，涵盖医疗资源、医疗服务、公共卫生、药品监管等100多份统计报表和涉及设备分布、人员配备、床位统计、门诊人次、门诊费用、住院人次、住院费用和药占比等10个专题分析，管理人员可以实时、准确掌握各个县区医疗卫生业务数据和管理情况。

广东省佛山市禅城区借助医疗服务信息大数据平台推出医疗健康一门式服务。着眼于当前区域医疗卫生现状，禅城区以专业化的分工、标准化的实施、智慧化的联结为手段，全面打破医疗机构信息壁垒，构建医疗服务信息大数据平台（区域医疗移动信息服务平台、医疗机构数据共享池、“医疗＋政务”服务应用系统），实现医疗数据一体化，提高医疗资源的利用效率，同时优化居民就医流程，提升居民就医体验，有效解决居民看病难、看病贵的问题。

安徽省阜阳市健康医疗大数据打造全民健康信息平台，以居民电子健康信息（电子病历、居民健康档案、人口信息）为基础，依托市民卡（居民健康卡），构建市、县、镇、村四级联通的全民健康信息平台，建设一个包含阜阳市智慧医疗云平台、公共健康服务平台、区域医疗协同平台、阳光医药监管平台、医疗卫生决策预警平台、惠民一卡通平台在内的健康大数据中心和应用中心、安全保障体系和标准规范体系。另外，通过对患者及健康体检者数据资料的收集、整合、分析和处理，搭建“大数据早期癌症预测平台”。项目已经完成了早期肝癌、肺癌、胃癌、食管癌、直肠癌、宫颈癌、乳腺癌的风险预测。经模拟试验验证，该平台预测准确率达95.5%。

江苏省淮安市盱眙县积极创建“大数据＋智慧医疗”全共享模式，盱眙县利用信息化手段改变服务模式，建立盱眙县影像、检验、病理、消毒供应和教育培训五大中心新型服务模式，实现与辖区内医疗、公卫和基层机构联通并实现了与省、市平台对接，顺利进行了三级评审。依托盱眙县人民医院区域影像系统、区域检验检查和远程会诊中心，成立区域 LIS 临检中心，将各医院 LIS 系统的数据自动上传到数据中心，通过信息查询端访问患者检验信息，实现外送申请单、统一后台服务、信息共享区域一体化。通过微信公众号完成线上银医通支付，线下通过平台与 HIS 数据对接完成挂号、缴费及相关功能，更加快捷简便安全。盱眙县中医院各护理单元相继配置了“移动护士站”，配置 92 台手持终端，实现了全院护理单元全覆盖。在临床工作中，护理人员只需要通过手持终端扫描患者入院时佩戴的，由系统根据住院号自动编码生成的唯一身份标识——条形码腕带，就可实现患者信息查询、生命体征录入、跟踪医嘱全程、护理工作量统计等重要数据的记录和查阅

浙江省宁波市建立“智慧医保”智能提醒系统，向全市 437 家定点医疗机构 1. 4 万个医生工作站，发送 1451 万次提示，医生经提示后接受并调整处方 54. 9 万次，涉及金额 7741 万元。市民避免了重复用药，控制了医疗费用，被称为“众家救命钱”的医保基金安全也得到了有效守护。平台依托于海量数据及对数据的有效分析，在保证医疗质量的前提下有效规范医疗服务行为，控制医疗费用。

湖南省湘潭市成立了市卫生信息中心，整合了诊疗数据 2. 9 亿条、公共卫生数据 9 千万条、建立城乡居民健康档案 260 万份，148 万份与计生全员数据库和公安匹配可用。“健康湘潭”（微脉）App 应用软件是一个便民惠民医疗健康互联网线上服务平台，具有预约挂号、诊间结算、检验报告单打印、智能自诊等功能，将来可逐步实现国家提出的 126 项健康卡应用功能。整合了湘潭市中心医院、湘潭市第一人民医院、湘潭市妇幼保健院、湘乡市人民医院等 4 家三级以上医院的健康大数据资料。市民足不出户就可以预约挂号、打印检验报告单等。

浙江省嘉兴市通过市、县两级卫生信息平台的对接和数据交换、动态电子健康档案数据的对接入库，向省卫生信息平台传送电子健康档案的测试数据。市各级各类医院可及时掌握居民的健康状况，患者也可通过该平台与专家“面对面”，实现足不出户的智慧就诊。大数据的分析、预测能力，也将为提升重疾的

预防和诊治以及传染病、慢病的检测防控提供技术支撑。此外，一个覆盖全市各级卫生机构的远程会诊和远程教育系统也为深化区域医疗卫生业务应用系统建设注入了新的活力。依托此系统，乡镇卫生院（社区卫生服务中心）、县级医院、市级医院可通过远程网络视频进行医学读片、专家会诊、医学视教，实现全市资源和信息的共享，提高健康服务效率。

陕西省咸阳市建设惠民服务“一卡通”工程，让群众通过一张卡查询、领取惠民资金。同时开通公交出行、水电暖缴费、行政收费等公共服务项目用卡，实现“一卡多用”。“一卡通”也成为群众就诊报销的健康卡，通过市、县、镇、村四级医疗信息共享平台，完成病历共享、分级诊疗、远程会诊、医保报销监管、大处方核查等功能。

## 四、公共文化服务的大数据运用

在公共文化服务领域，文化部门可以收集和运用文化管理部门数据、文化机构数据、文化平台数据等大数据源，通过数据整合、数据分析、数据分类等大数据技术，从而实现科学采购图书、掌握读者需求、推进全民阅读等功能。具体见表 3 – 4。

**表 3 – 4　大数据在公共文化服务中运用的原理**

| 大数据源 | 数据处理 | 功能实现 |
| --- | --- | --- |
| 文化管理部门、文化机构、文化平台、图书馆借阅信息、公共文化信息平台、博物馆数据等大数据 | 数据整合<br>数据分类<br>数据分析 | 科学采购图书<br>合理配备图书<br>掌握读者需求<br>推进全民阅读 |

大数据在我国地方公共文化服务中运用的典型例子如下：

上海市图书馆开展实施了流通大数据项目，基于“一城一网一卡一系统”

服务平台海量的数据资源，打造大数据分析挖掘和大数据可视化平台，形成包括读者画像分析、个性化推送、借阅推荐等智能服务。流通大数据平台以读者最感兴趣的图书流通数据为主要采集对象，采集范围包括图书馆集成系统、读者管理系统、电子资源访问平台、门禁系统等各类应用，从人、书、地三个实体理解数据，综合各类数据的特征值形成主要维度，再辅以时间维度，建立了数据分析与挖掘系统。其次，以读者与图书馆借阅和互动的数据为基础，通过数据分析对读者的阅读足迹进行信息挖掘、聚合，形成个性化的服务系统。

“文化上海云”整合全市资源以大数据记录市民需求。上海市文广局主导建设的“文化上海云”以大数据精准记录市民文化消费需求，推动上海公共文化服务从政府“端菜”向百姓“点单”提档升级。“文化上海云”产生的大数据正广泛应用于文化管理部门、文化机构，推动了上海公共文化服务提档升级。“文化上海云”除了包括 16 个区的文化资源，还囊括市级图书馆、博物馆、美术馆、旅游景点、非物质文化遗产等文化场所的数字资源。

广东省佛山市南海区读书驿站管理中心建立监控平台和大数据平台，可对驿站 24 小时实时监控、读者借阅数据动态分析，为日常运营管理提供精确数据支撑。在平台上，每个驿站的实时数据都可以看到，以此来分析驿站受欢迎程度、借还书情况等。该平台还可以分析到读者性别、年龄结构，以及各类书籍借阅人数情况 ，通过这些分析，明确图书馆需要采购什么类型的书，根据不同地区配备不同的书籍，让图书分配变得更加合理，书本流通更加“活”。

浙江省宁波市对市图书馆的图书借阅数据进行了分析，勾勒出市图书馆纸质图书外借、借阅人群特征和阅读偏好等多个维度的阅读情况。通过分析阅读账单，了解借阅基本情况；通过分析人群特征，厘清群体阅读差异；通过分析阅读偏好，掌握读者需求趋势。通过上述数据分析，发现图书采购与公众需求之间的差异。根据数据勾勒的人群特征，注重读者个性需求，提供更贴切、更人性化的优质服务。根据阅读趋势进行数据分析，在选书购书计划中更加注重迎合读者的需求。

## 五、纳税服务的大数据运用

在纳税服务领域，税务部门可以收集和运用税务机关、涉税信息、办税服务厅等大数据源，通过数据挖掘、数据分析等大数据技术，从而实现精准服务、税企互通等功能。具体见表3－5。

**表3－5　大数据在纳税服务中运用的原理**

| 大数据源 | 数据处理 | 功能实现 |
| --- | --- | --- |
| 税务机关、涉税信息、办税服务厅、税务大数据平台等 | 数据挖掘<br>数据分析<br>数据共享 | 精准服务<br>税企互通<br>提高效率 |

大数据在我国地方纳税服务中运用的典型例子如下：

原江苏省南京市地税局通过探索大数据应用下的服务新模式，积极拓展服务新领域，建立起以客户为中心的精准服务体系，该体系主要依托其强大的数据仓库平台，通过应用大数据挖掘、分析等现代化的信息技术，将数据以不落地的方式直接推送办税前台、官方微信、12366系统等服务渠道，实现精准服务。通过大数据工具，整合大集中系统、综合信息平台、办税服务厅叫号系统、12366语音咨询系统等多个平台，形成一个综合的新型海量数据库，为了解纳税人遵从状况、处罚情况、申报习惯、办税偏好、咨询偏好等提供了方便。同时根据不同类别的分析结果，面向不同类别的纳税人给出更有针对性、效率更高的纳税服务。除此之外，南京地税局还通过大数据工具对外部经济数据进行挖掘，并与税务机关内部数据进行匹配分析，旨在找出外部经济数据与税务机关各项数据指标之间可能存在的相关关系，为更好地实现纳税服务提供数据支持。

原安徽省黄山市黄山区地税局在税收宣传中注重传统媒体与现代技术的融合互通，紧紧围绕信息技术应用，打造集税收宣传、办税服务、政策咨询、征纳互动等功能为一体的“大数据”信息平台。近年来，该局先后推广应用了电子税务局、税企 QQ 群、手机短信、微信公众号、纳税人需求二维码等大数据互联应用平台，使纳税人手机一扫就能了解最新最全的税收政策和办事指南，指尖轻触就能快速实现网上办税和涉税咨询，打破了时间、地点和人员的局限，税企互通更加便捷高效。

安徽省宿州市地税局不断强化大数据思维，深入运用科技化、信息化手段，全面收集、管理、分析、运用数据信息资源。密切关注报纸、电视、广播、网络等媒介报道的相关企业信息，实时捕捉棚户区改造、企业研发项目、财政补助（贴）、节能节水、安全生产设备改造等涉税信息。加强与地方党政部门沟通并赢得支持，打通第三方涉税信息采集渠道，先后从科技、经信、民政、金融、残联等部门采集企业信息。每一项税收优惠政策出台后，业务部门都及时对现行有效的税收政策措施和制度规定进行梳理，形成优惠政策落实指引。在此基础上，对从有关部门获得或征管软件查询的信息进行筛选、建立符合优惠条件的纳税人名册，并跟随企业变动情况进行动态调整，将政策内容和优惠对象进行有机匹配，实施“点对点”推送，引导和帮助符合条件的纳税人积极申报享受税收优惠。

## 六、养老服务的大数据运用

在养老服务领域，政府部门可以收集和运用政府养老服务平台数据、老龄工作平台数据、老年人健康档案平台数据等大数据源，通过数据挖掘、数据分析、数据对接等大数据技术，从而实现信息监管、精准服务、家政服务等功能。具体见表 3－6。

**表 3－6　大数据在养老服务中运用的原理**

| 大数据源 | 数据处理 | 功能实现 |
| --- | --- | --- |
| 政府养老服务平台、老龄工作平台、老年人健康档案平台、社保中心数据等 | 数据汇总<br>数据分析<br>数据对接 | 信息监管<br>精准服务<br>家政服务 |

大数据在我国地方养老服务中运用的典型例子如下：

宁夏开通了将老龄工作与智慧养老公共服务云平台和政府养老服务监管 App 平台融为一体的自治区老龄办官方网站，实现了全区各级老龄部门“自下而上数据汇总、自上而下信息监管”的智慧养老服务大数据信息监管功能。网页布局分为模块内容展示、主要功能目录等五个区域，设有组织机构、工作动态、养老服务等 8 个模块。养老服务模块，汇集了现行居家养老、社区养老、机构养老等五种养老方式，每个小模块又有详细的养老统计。另一个亮点是政务公开模块里嵌入了政府监管栏目，凡是通过官网平台推送的服务，从开始的招标文件，中标单位，服务对象明细表，服务内容的配置，详细的服务记录，及最后的用户满意度和第三方满意度调查情况都会公示在官网页面上。

江西省南昌市建立老年人健康档案大数据平台，为社区老年人提供健康监测、家政、助医等服务。通过建立数据平台，对老年人的健康保障、就医、安全防范、学习、娱乐、家政服务等需求进行整合，有“大数据”的强力支持，服务机构能够精准服务对象，提高政策实施的公平、公正性。同时，还可以通过信息化实现对养老机构的实时动态监管，有效维护老年人合法权益，提升养老服务效率和服务水平。

四川省自贡市利用大数据改善养老服务。一是加强数据收集。分类建立全市养老服务对象、优抚对象、低保对象等大数据平台，利用手机终端 App 开展服务对象数据录入，利用数据平台实现民生服务数据实时动态更新。二是强化供需对接。拟搭建智慧社区服务平台，利用现有“孝行通”“让我来”等居家养老服务平台，依托大数据分析，对接加盟两百余家服务商，为老人提供养老咨询、紧急求援、保健康复、上门送药等特色服务。三是提升服务效率。通过大数据平台，建立手机 App 终端、电话通讯、WEB 下单等渠道，根据服务需求由平台即时匹配提供便捷服务，实现服务申请、服务提供、服务结算和后续跟踪反馈“一站式”管理。

江苏省盐城市亭湖区社保中心建成养老待遇资格认证大数据平台。该中心主动与该区民政、财政、卫计等部门对接，与社保养老待遇发放名单进行比对，实现跨部门信息共享，并将养老待遇发放信息、殡葬服务补助信息等基础数据全部录入平台，为“大数据＋养老保险待遇认证”工作的落实提供信息基础，把好养老待遇发放关口，审慎处理新增死亡人员养老待遇。对因工、非因工死亡人员供养亲属等人员开展精准认证，停发无联系方式的人员待遇，会同相关社区开展认证协查。

## 七、农业公共服务的大数据运用

在农业公共服务领域，农业部门可以收集和运用农机局数据、传感器数据、视频监测数据等大数据源，通过数据汇总、数据共享、数据分析等大数据技术，从而实现实时监测、警情预警、智能调度等功能。具体见表3－7。

**表3－7　大数据在农业公共服务中运用的原理**

| 大数据源 | 数据处理 | 功能实现 |
| --- | --- | --- |
| 基层监测点、农机局、传感器、小型气象站、视频监控器、实时监测系统、GPS系统等 | 数据汇总<br>数据分析<br>数据共享<br>数据监测 | 实时监测<br>警情预警<br>智能调度<br>减少损失 |

大数据在我国地方农业公共服务中运用的典型例子如下：

陕西省榆林市的农作物病虫害远程信息监测预警平台建设。该平台能够全天候实时、定时无线传输现场数据信息，依靠大数据汇总，实现实时监测、病虫害防治和灾情提前预警等功能。该平台是由生态远程监控系统、小气候信息采集系统、虫情信息自动采集系统、孢子信息自动捕捉培养系统、害虫性诱自动化远程实时监测系统、马铃薯晚疫病数字化监测预警系统等六大系统组成，数据支撑来自榆阳、靖边、定边3个基层监测点，10台新型害虫自动化性诱设备，9台马铃薯晚疫病数字化监测预警系统，监测范围覆盖全市9个县区。

安徽省宿州市农机局引进农机深松作业质量信息化远程监测系统，将物联网、大数据成功运用于农机设备监测，实现深松机作业状态和作业面积准确监测，安装在作业机械上的监测终端会实时向服务器回传农机信息、卫星定位信息、作业状态信息等数据，并进行作业量计算、作业质量分析和面积统计，数据最后汇总到农机化生产信息监管与服务平台，农机部门的工作人员将以实时数据作为依据，再联合村、镇工作人员实地验收。

江苏省宿迁市毕节农业大数据中心通过建设实施传感器、小型气象站、视频监控等物联网终端设备，自动监测、采集和分析农作物等作物“四情”信息，掌握作物生长环境、生产动态相关信息，预测农作物生长趋势及病虫害发生趋势，从而科学制定生产防御措施，为农业生产、灾害预警及应急指挥调度提供决策支持。同时建设休闲农业公共服务大数据应用系统，重点建设农特产品电商、休闲农业信息服务、土地经营权交易及土地众筹与订单农业电子商务等平台，推进生态休闲农业服务信息化水平提升，打通农产品网上销售渠道。建立和完善种子、农药、化肥、兽药、饲料和农资打假大数据监管预警平台，实现对农资生产、批发、零售到最终使用的各个环节进行全程监管。

江苏省南京市六合区农业局建立了主要作物养分丰缺指标和施肥指标体系，提出了适应各个区域、各类土壤、各主要作物的施肥配方和施肥技术，并采用GPS定位村组信息，一并输入电脑。农民只要直接点击触摸屏上的配方施肥分区图按照“街道—县—乡—村—地块”的顺序就能找到自家田块的地理位置，然后运用测土配方施肥专家系统查询功能，只需十几秒就能得到所要种植作物的施肥方案。而在手机上只要安装一个名为“六合区数字化测土配肥信息查询系统”的App，农民甚至不用来农业服务中心，在家里直接用手机就可以查询地里的施肥方案。

江苏省南京市建立智慧水务综合平台。水务局纵向上与省、市、区水利一条线，横向上与环保、气象、水文站、智慧办等多个部门实现信息互联互通，同时还接入固城湖沿岸、官溪河沿岸等34个视频监测点，通过空间地理数据与跨系统海量业务数据交换共享及实时监测信息与业务管理信息的联动，且自带视频监控系统，有效整合了现有数据资源和应用系统。一旦发生某种突发情况，能够利用模拟系统对预警预案实时进行调整，并科学安排人员撤离和物资调拨。

江苏省南京市高淳区建立“气象为农服务”共建示范点。范围覆盖该区水阳江沿线等养殖区，覆盖区域的农户从此可用上气象大数据种地、养螃蟹、养鱼养虾。据悉，这些“气象为农服务”点将定点向农户推送即时气象信息，对有特殊气象需求的农户开放气象数据库查询服务，同时尝试开展农业气象大数据应用，通过历年丰歉年景的气象数据比较分析，为农户提供精准气象数据信息，帮助农户掌握农时先机。

浙江省丽水市“大数据 + 防汛”的新结合通过数据汇总、分析等环节实现大数据的高时效运算，将信息化与防汛工作深度融合，从而提高防汛工作的效率，为防汛指挥决策服务。各类监测信息实时传输到市防汛指挥中心后，通过丽水市防汛“五化”平台等综合系统，对各类信息进行快速的计算分析后，利用各种方式进行及时有效的预警。当某一个监测点雨量、水位等数据超过警戒值后，系统一方面通过报警声直接提醒值班工作人员，值班工作人员立即联系有关防汛责任人，了解防汛形势；另一方面自动向该站点关联区域的县、乡镇、村级各级防汛责任人发送预警短信，各级防汛责任人在接到预警信息后，根据防汛形势和预案要求，采取科学手段，采用广播、手摇报警器、铜锣等方式，提醒危险区群众按既定线路转移安全撤离，以减少灾害损失。当某个大区域发生大灾害时，也可以通过市级预警信息全网发布系统，向全市或分县、分乡镇区域范围的手机用户直接全网发布预警信息，提高公众知晓面，减少人员伤亡和灾害损失。

浙江省平湖市建立 12316 农业智能诊断系统。该系统由农业部门与电信公司合作建设，主要包括农业专家系统数据库、农业视频诊断软件平台、视频传输 App 客户端三大板块。通过采集常见种植农作物的各种属性信息，可实现模糊搜索、数据分析，并可通过智能手机的摄像功能，实时传输视频或图片至诊断平台，且支持语音在线通话，方便用户现场信息快速采集及诊断信息实时应对。

## 八、教育公共服务的大数据运用

在教育公共服务领域，教育部门可以收集和运用招考办、阅卷平台数据、学习诊断平台数据等大数据源，通过数据分析、数据共享、数据挖掘等大数据技术，从而实现个性化辅导、提升学习效果、提升课堂质量等功能。具体见表3－8。

**表3－8　大数据在教育公共服务中运用的原理**

| 大数据源 | 数据处理 | 功能实现 |
| --- | --- | --- |
| 招考办、填报志愿参考系统、学生成绩档案、阅卷平台、学习诊断平台等、智慧教育平台等 | 数据分析<br>数据共享<br>数据挖掘 | 个性化辅导<br>提升学习效果<br>提升课堂质量 |

大数据在我国地方教育公共服务中运用的典型例子如下：

广东省湛江市招考办利用大数据的技术开发了“中考填报志愿参考系统”，通过对近五年湛江市中考、高考数据进行关联分析，在大量统计数据基础上，从高考成绩分值、二本上线概率、一本上线概率三项指标角度构建出三类预测模型，综合学生和学校的情况得出个性化预测结果，通过大数据辅助学生做出填报志愿决策。

广东省佛山市南海区西樵镇利用电子表格程序，整合同一届学生的综合素质发展的变化。这些数据以表格、图标的形式呈现，追踪分析同一届学生从小学至初中9年间成绩的变动，从进步与退步中了解学生的长处与弱势，学校可以根据大数据分析结果有针对性地辅导学生。

福建省宁德市试点基于智能云阅卷的大数据采集，应用平板电脑批阅月考试题。该平台了利用“班班通”打开智学网，很清晰地知道哪些题目多少学生做对了，多少学生做错了，能够知道班与班之间的细微差别，让教师的讲解更有针对性。教师批阅完试卷后，学生登入平台不仅可以看到自己本次考试的成绩报告，还可以知道各学科知识点掌握情况。同时，该平台为学生提供了错题集，可以一一为错题纠错，方便查缺补漏，能够保证自己下次不犯同样的错误，这样的错题集更是学生反思总结的最好利器。在这个平台上，学生可以开展同步学习、个性化补缺等学习活动，把课堂延伸到课外，智能化学习让学生告别题海战术，减轻学业压力，提升学习效果。该系统可以随时掌握学校整体的教学情况，也可以了解学生与学生、班级与班级、学科与学科、教师与教师之间的教学情况。

上海商学院奉贤校区大数据校园管理中心依托学生校园卡的点赞功能，刷卡机具在清算饭菜价格同时，像银行柜面的服务评价系统一样，接受刷卡者的实名好评或差评。而学生用“嘴”投票的结果，不但可在师生手机端实时查询，还直接影响着饭菜窗口的优胜劣汰。学校根据学生伙食评价记录，不断调整食堂供应商结构和布局。从食堂尝到甜头，大数据管理正全面开花，覆盖“医、住、修、浴”等生活各个方面。

安徽省芜湖市教师使用智慧教育平台开展教学、教研和管理工作。在平台进行备课的教师，申报专业技术职称时不用再交纸质备课本，芜湖教育逐步走进大数据时代。在职称申报评审过程中，评委只要根据申报教师提供的网上电子备课查验表，就可在芜湖智慧教育平台上查验申报教师日常备课的所有情况，并做出客观评价。平台上自动生成的业务档案，分学期汇集教师的备课、授课、辅导答疑、教研、在线培训和获奖等数据，全面真实地反映教师的教学教研等工作情况，为职称评审等教育评价、管理工作提供了有力支持。

浙江省温州市教育局启动了网上“云阅卷”平台。云阅卷是运用大数据系统，采用互联网技术，进行分散式网上阅卷，将阅卷信息实时反馈到数据库。电脑统计分析后形成了各科目总结报告，对汇总的数据进行挖掘分析，从而针对考生的实际情况，更有针对性地提供个性化教学服务。据了解，“云阅卷”平台背后还有强大的网络和数据库支撑。每一科目试卷出炉的同时，出卷单位就有一份试卷分析数据上传到系统中，如一道题涉及哪些知识点，将知识点切块以便系统进行分析。当阅卷结束后，阅卷系统后台会自动进行试卷分析和统计，将不同科目试卷的各知识点进行切块分析，从而得出不同科目成绩的数据分析报告。同时，每一位学生都有自己的账号，系统会对每一位学生的成绩做出评估，就学生知识点的掌握情况得出结论，学生可以自行上网查询，进行有针对性的学习。

浙江省衢州市借助大数据技术，利用录播技术，对学校的教师提问、学生回答、课堂时间分配等各项指标进行统计分析，形成课堂分析报告，并将得到的数据与优秀学校的常模进行对比，发现课堂存在的问题，通过改进这些问题来改善课堂教学的水平。同时运用信息技术采集素质教育、文化成绩、信息化建设等与学校建设密切相关的数据；采集学生课外辅导、睡眠时间、作业负担、家庭社会经济背景等与学生学习密切相关的数据；采集师德师风、教师幸福度、学生幸福度等与管理发展密切的数据，使综合素养的诊断与评定成为可能。

## 九、旅游公共服务的大数据运用

在旅游公共服务领域，旅游部门可以收集和运用旅行社管理平台数据、旅游管理部门数据、旅游调度中心数据等大数据源，通过数据分析、数据汇总、数据监控等大数据技术，从而实现维护旅游环境、促进旅游产业精品化等功能。具体见表3-9。

**表3-9　大数据在旅游公共服务中运用的原理**

| 大数据源 | 数据处理 | 功能实现 |
|---|---|---|
| 旅行社管理平台、旅游管理部门、旅游调度中心、城市服务数据平台、GIS地理信息系统等 | 数据分析<br>数据汇总<br>数据监控 | 维护旅游环境<br>旅游产业精品化<br>优化城市经济结构 |

大数据在我国地方旅游公共服务中运用的典型例子如下：

福建省三明市将全市国家3A级以上旅游景区、星级宾馆和旅行社等近百家涉旅企业纳入智慧旅游大数据网评系统，实时监测本地旅游消费者于各大互联网平台上的评价，汇总分析出针对酒店、景区、服务单位等口碑数据，以趋势图表、统计图表、同比环比图表等图文并茂的方式，亮“家底”、晒“账本”，帮助旅游管理部门把握旅游经济实体的运行状况，帮助涉旅企业改进自身服务、产品、价格等方面问题，提高服务水平。

海南省三亚市12301旅游调度指挥中心和智慧旅游数字沙盘与工商、公安、交通、机场等部门联通，实时提供“吃、住、行、游、购、娱”等旅游信息及城市服务数据，为城市管理和旅游管理提供数据支持。庞杂的旅游大数据将直接进行分析计算，实现城市建设、旅游管理的“智慧化”三亚将建智慧旅游大数据应用平台，将大数据应用融入政府决策管理、城市治理、改善民生等领域，推动大数据产业与旅游产业融合，促进旅游产业精品化和城市经济结构优化转型。

湖南省张家界市通过“智慧旅游”系统对游客实时监控，安排对景区购物场所、旅游用车、索道、电梯等接待设施和重点区域分时段进行隐患排查。“智慧旅游”系统是张家界市投入使用的旅游大数据应用平台，除可为游客提供详尽的旅游服务外，公安部门将“天网”电子视频监控系统数据接入平台，实时监管部门维护各主要景区景点、交通要道的人流车流情况，为旅游秩序提供依据；平台还设定数据分析功能，设立电子预警系统，确保在景区景点发生紧急突发事件时，能第一时间发出警报，调动安监、旅游、质监、运管、交警等多部门联合执法，合力保障游客生命财产安全。

广东省珠海市移动采用移动基站信令侦测，结合 GIS 地理信息，利用大数据实时分析用户时空信息，对使用移动网络的用户进行分析，详细地分析出该市春节旅游市场表现出来的各种特征，为旅游行业提供运营管理决策服务。

## 十、数据开放公共服务

贵州省政府建立数据开放平台，由省卫生计生委、省人力资源社会保障厅、省环境保护厅、省质监局、省统计局、省住房城乡建设厅、省科技厅、省体育局等 11 个省直部门提供的上千万条实时“活”数据，有 101 项可供下载、使用的开放数据资源，74% 数据为可机读的结构化数据。公众用户只需在互联网上输入域名 www. gzdata. gov. cn，便可访问全省工商、交通、医疗、教育、科技、农业、环境等 8 个领域的政府资源数据。作为全国唯一以省级为单位的数据开放平台，“数据池”里包括医疗机构信息、农产品价格信息、企业注册基本信息、城市污水处理等相关资源，公众用户可按照数据主题、数据类型、数据来源这三个方面进行查找，然后通过平台直接下载数据、利用应用程序编程接口直接调用数据，对数据进行建模、挖掘等开发，促进政府数据在政用、民用和商用方面的探索实践。

上海、广州等地也推动了公共服务基础数据信息的开放，建立了数据开放的门户网站。

# 第四章　大数据在公共交通管理中的运用

近年来，物联网、视频数据和社交媒体数据量发生了井喷式爆发。这些数据蕴含着对城市交通状态的描述和因果分析，可以刷新传统交通信息采集手段，已成为城市交通状态感知的重要信息来源。如郑治豪等以新浪微博为主要数据来源，分别利用支持向量机算法、条件随机场算法以及事件提取模型完成微博的分类、命名实体识别与交通事件提取，开发了基于社交媒体大数据的交通感知分析与可视化系统，可以为交通管理部门及时提供交通舆情及突发交通事件的态势、影响范围、起因等信息。①

## 一、大数据在疏导交通拥堵中的运用

在交通拥堵的疏导方面，交通部门通过收集和运用联网售票数据、手机网络信令数据、客流监控设备数据等大数据源，通过数据分析、数据融合、数据对比等大数据技术，从而实现道路应急预警、路况实时监测、疏散交通拥堵等功能。具体见表 4－1。

① 郑治豪等．基于社交媒体大数据的交通感知分析系统［J］．自动化学报，2018，44（4）：656－666.

**表 4－1　大数据在交通拥堵疏导中运用的原理**

| 大数据源 | 数据处理 | 功能实现 |
| --- | --- | --- |
| 联网售票数据、手机网络信令数据、客流监控设备、车辆 GPS 数据、交通视频监控系统、高德地图平台、视频显示器等 | 数据分析<br>数据融合<br>数据对比 | 应急预警<br>监测路况<br>交通疏散<br>改善路况 |

我国地方交通部门运用大数据疏导交通的典型例子如下：

为了做好每年的春运工作，广东省交通运输厅与腾讯公司共同构建了广东省春运交通大数据预测分析平台。通过把广东省交通运输厅的现有数据与腾讯云计算和位置大数据服务能力结合，对春运期间主要客运集散地的旅客聚集情况、高速公路和国省道的通畅情况、春运旅客流向、各类运输方式的客运承担量进行数据分析和实时图形显示，实现宏观交通运行事前研判、事中监测和事后总结，提升春运组织协调和应急预警能力。内容包括“交通枢纽区域热力分析”“国省干道交通状态”和“人口迁徙分析”三部分。“交通枢纽区域热力分析”通过广东省交通厅提供的联网售票数据，包括客运站已发班数、发送人数等联网客运数据，结合腾讯提供数据模型，以春运数据模型进行数据深度融合，最终形成全省重要交通枢纽人流热力图。以每个场站上报的实时运力阈值定义状态颜色，以交通枢纽区域的数据为基础，以交通枢纽自定义阈值为评判标准进行场站人流预警显示。通过热力图，交通主管部门可以查看交通枢纽实时状态，为春运组织工作提供参考。“国省干道交通状态图”则可以提供国省干道交通路况信息。通过分析交通枢纽拥挤状况和国省干道路况信息，有效协调相关资源进行调度疏导，以保障春运期间运输工作的顺利开展。

广州市交委建立天眼大数据系统。这套系统通过对火车站广场范围的手机网络信令进行数据采集，同时通过新安装的 110 套高精度客流监控设备对监测人群进行统计，两者共同形成实时客流数据源，然后再通过后台的指挥系统对数据源分析，比如显示客流在火车站广场上的详细分布、人群热力图、每个乘客的停留时间长短。根据用户手机号的归属地，还可以精确确认人群中广州本市人群、省内人群、外省人群甚至外籍人群。有了实时数据源，再通过对火车站广场区域内聚集人数的历史数据对比，春运指挥部工作人员就可以判断出当前聚集人群数量是否出现异常，聚集人数超过正常范围的异常聚集原因是什么。一旦监测出人群异常聚集，系统就可以发布不同级别的应急警报，例如，当重要区域人群聚集数量比正常值高30%时，系统就会发出三级预警事件（黄色预警），比正常值高60%时发出二级预警事件（橙色预警），而比正常值高100%时发出一级预警事件（红色预警），预警信息可以自动发送到春运指挥部工作人员手机中，提醒工作人员采取地铁飞站、封路、异地候乘等应急措施。广州火车站区域的客流监测系统精确度可以精确到个位数而且实时更新。

广州市交委将城市道路运行分析系统、综合视频监控系统、交通电子执法系统、公路客运旅客运输分析系统、出租车监控管理系统、公交客流分析系统纳入春运大数据指挥。其中城市道路运行分析系统是通过对市区内所有出租车、公交车、客运车辆的实时GPS数据进行分析，实现对主要城市道路和重点交通枢纽周边的交通运行情况进行实时监控和分析，哪条路畅通哪条路拥堵都可以实时监测，也可对当日、前一周、一个月和全年常发性拥堵路段和有关情况进行分析，从而对各重要交通枢纽的周边交通运行情况及时判断，有效疏导和处置。交通综合视频监控系统则是通过接入市交委、市公安局、广州火车站、火车南站、东站及白云机场的视频，实现对春运保障重点区域的基本覆盖，春运重点地段现有的高清视频监控共2000多路，使市春运办工作人员既可通过数据分析，也可通过视频画面直观实时掌握现场情况，防止人群严重聚集和踩踏事件的发生。

广东省汕头市公安交警部门运用大数据分析和高德地图平台，梳理交通流向和交通峰值，有效计算出道路交通饱和量，将优化信号灯配时引导出行作为一项重要措施，确立了高峰、平峰不同时间段的信号灯配时方案，确保中心城区交通大动脉的顺畅。另外，为了重点查纠黄标车、套牌车、假牌车、多次违章机动车及无牌无证驾驶的各类交通违法行为，交警部门还推出一部新型抓拍取证设备。通过触屏显示器可以实时摄取目标车辆的车牌号牌等信息，并同步将数据传输至放置于车辆后备厢里的服务器，与服务器内已储存的黄标车、多次闯红灯、超速、违法乱停、牌证不符等交通违法车辆的信息进行比对，一旦发现有嫌疑车辆即自动提示报警。另外，中国移动汕头分公司为南澳县公安局提供“大数据触点服务”，借助“大数据魔方”为交警部门提供交通高峰预警信息。这不仅向入岛游客实时发送道路指引短信，引导入岛车辆避开施工路段，还协助交警部门及时形成交通应急处置预案，有效改善各景区景点车流高峰期间道路拥堵状况。

珠海市金湾区与中国移动珠海分公司合作开发交通指挥信息化平台，在珠海航展期间正式接入金湾区现场指挥部。该平台利用移动基站采集航展馆、R1、R2 停车场等 4 个公共场所以及机场北路、湖心路口等 14 个交通枢纽用户数量，形成过往人数和人流热力图、实时人流趋势图、累计人流趋势图相结合的显示系统，确保指挥部能实时了解各交通枢纽以及展馆周边的人流、车流情况及趋势，掌握省内、省外、国际游客的大致数量、分布区域以及重点人员进入展馆区域情况，为指挥部决策、指挥等提供了大数据支撑。

广东省中山市交警支队通过与高德地图合作和在路口设置“防溢出控制”等措施，获取实时监测到的交通流量大数据，对路口的红绿灯时间进行调整，缓解交通拥堵问题。中山市公交集团通过逐步实现对所有公交车辆配置 GPS 智能车载终端智能公交的核心硬件，实现了实时监控、车辆调度管理、超速警报等功能，完成了对公交服务的再造提升；同时通过“车来了”App，使得广大市民掐点乘车成为现实。另外，中山市通过埋在沥青下面的感应线圈，实时将数据传到红绿灯控制系统，系统自动调整亮灯时间，随时化解路口拥堵问题。这个小小的感应线圈，如果埋在各个交通路口，就可以测出每个路口 24 小时的车流量，通过大数据分析，再实时智能调控，有助于缓解交叉路口拥堵的情况。

为保障珠海航展期间的交通秩序，广东省珠海市交通规划研究与信息中心联合中国移动珠海分公司、市公安局交警支队、航展公司以及各运输企业等多家单位，开展在大数据的基础上面向航展的客流、车流出行特征分析研究，关联分析且融合处理手机信令、道路卡口、实时路况、大运量交通客流及会展票务等各类大数据资源。在车流分析研究中，拥有全国最大的实时交通信息服务中心及交通大数据分析平台的世纪高通公司将针对航展构建实时交通信息监控平台，实时了解航展周边的交通情况、航展客运班车位置信息，并通过路况预测，提升提高交通管理及决策部门及时处理突发事故效率。在客流分析研究方面，中国移动珠海分公司通过对手机信令数据进行分析，掌握航展期间从各个方向前往航展馆现场的人流量大小，高峰时段等。上述大数据提供的交通信息，都将汇总到航展交通保障小组，并通过手机短信、导航软件、诱导电子屏等提供给航展观众。

广东省汕头，交警部门运用大数据分析和高德地图平台，梳理交通流向和交通峰值，有效计算出道路交通饱和量，将优化信号灯配时以引导出行作为一项重要措施，确立了高峰、平峰不同时间段的信号灯配时方案。汕头交警部门通过采用无人机“起飞”对路桥进行实时监控，科学布设飞行监控路段，及时掌握、控制车流量，优化大桥交通环境。交警部门一方面利用大数据制作出行诱导地图，另一方面与腾讯公司合作，根据智能交通系统、视频卡口等采集到的数据对车辆通行规律和道路拥堵情况进行分析研判，在导航地图上划定近期晚高峰最容易发生交通拥堵的“严重堵区”，并通过电台和网站及时向市民发布信息，引导驾驶员选择正确出行路线，错峰、绿色出行。同时，还通过交警指挥平台的动态警务监督系统实时发布疏导指令，引导路面民警有效指挥交通，统筹中心城区各个路口交通信号灯控制，加强交通微循环治理，对区间路、支路等道路进行疏导，在高峰期主次干道发生拥堵时指挥车辆分流，最大程度提高路口通行效率，缓解交通压力。执勤民警在警车内通过一个平板电脑大小的触屏显示器可以实时摄取目标车辆的车牌号牌等信息，并同步将数据传输至放置于车辆后备厢里的服务器，与服务器内已储存的黄标车、多次闯红灯、超速、违法乱停、牌证不符等交通违法车辆的信息进行比对，一旦发现有嫌疑车辆即自动提示报警。

四川省广元市公安交警支队利用大数据平台，分析研判市城区道路交通拥堵原因，并针对性支招，为市民出行提供权威引导。利用智能交管平台多频次测算，根据高峰、平峰拥堵路段排名情况，建议市民根据自身出行目的地，尽量避开拥堵路段，可以选择临近或者相邻路段出行，或者选择公交车等公共交通出行方式。

## 二、大数据在车辆管理中的运用

在车辆管理方面，交通部门通过收集和运用车辆运行轨迹数据、公交客流状况数据、视频监控数据等大数据源，通过数据整合、数据分析、数据统计等大数据技术，从而实现精准整治路况、停车诱导服务、城市科学规划等功能。具体见表4－2。

表 4－2 大数据在车辆管理中运用的原理

| 大数据源 | 数据处理 | 功能实现 |
| --- | --- | --- |
| 车辆运行轨迹数据、公交客流状况数据、车位大数据、车辆管理信息、视频监控信息、交通数据共享平台、手机信号源数据等 | 数据整合<br>数据分析<br>数据共享<br>数据统计 | 精准整治路况<br>停车诱导服务<br>城市科学规划<br>公交管理精细化 |

我国地方交通部门运用大数据进行车辆管理的典型例子如下：

**违规车辆管理**

广西南宁市利用大数据严厉打击“泥头车”。南宁交警部门按月对收集到的泥头车运行轨迹数据进行整合，分析海量数据内隐藏的规律。除了对车辆时速占比进行分析，交警部门还对车辆运行轨迹数据进行了热力地图分析，根据热力地图分析结果，交警部门进一步掌握了泥头车超速违法的高发时段和重灾路段。交警部门进而根据大数据分析结果，围绕高发时段、重灾区域，部署警力精准出击，开展有针对性的路面整治行动。

**停车位管理**

陕西省西安市曲江新区利用大数据共享停车位。2017 年，西安交警联合曲江新区管委会在全市率先推出智慧停车服务系统，通过整合停车位资源，方便市民错时共享车位，解决停车难题。曲江智慧停车管理云平台，将曲江新区内道路临时停车场、公建配建停车场以及公共停车场等信息进行统一数据采集、整合、并全部导入平台“中心大脑”，实行停车场之间联网联控管理和信息发布。市民进入“西安交警”微信公众号内“业务办理”栏，点击“停车诱导”便可利用该平台找车位。“停车诱导”功能在西安市其他区也可使用，但只能显示路侧停车位。而曲江智慧停车管理云平台的建立，将部分地下停车位也纳入其中，目前，已有 11 个停车场约 3000 个停车位接入管理平台。综合数据统计证明，这一平台在全市建成使用后可以释放共享的存量停车资源相当可观，届时，错时共享停车可大幅改善停车资源使用率普遍较低的现状，缓解停车位缺口。

浙江省潮州市德清县集成车位大数据，建设智能停车诱导服务平台，精准快速找车位。一是实时采集、发布车位信息。整合县城区停车泊位数据资源，通过采集、判断、传输数据等操作，对车位的停车状态进行实时跟踪统计，停车实时动态发布泊位情况，帮助驾驶员迅速找到合适的停车场所，调节停车需求在时间和空间分布上的不均匀，提高停车资源使用率，减少停车等待时间，提高整个交通系统的效率。二是手机终端找车位。开发“中国好停车”手机 App 软件，市民可在手机上查询城区停车泊位实时情况，选择最佳行车路线，或在出行过程中适时调整停车目的地，就近停车，真正做到“看着手机找车位”。同时，引进后台综合管理系统软件及收费管理软件，与“中国好停车”App 进行数据对接，方便市民公平、有偿使用停车资源，促使市民养成按规定文明停车、停车自觉缴费的习惯。三是集成停车数据服务城市管理。通过停车行为分析（停车地点选择、停车习惯等）、车位使用分析（区域、时段车位周转率和使用率等）、缴费行为分析（车主缴费选择和规范等），全面掌握县城区公共停车总体情况，为政府停车区域规划、停车场建设、解决停车难题等提供依据和参考，为进一步科学规划和管理城市提供基础数据支撑。

广东省湛江市交投集团城市停车公司运用了“智能停车系统”的停车位。与普通车位相比，在外观上相差无几，仅在停车位黄线方框中央多了一个巴掌大的灰色圆形盖子，地面上的灰色圆形盖子是能承受 30 吨压力的泊位地感器。当车辆驶入或驶出停车位后，泊位地感器即时将信息发送到该路段的太阳能接收器，接收器将信息同步“转发”至保管员的智能 POS 机上。当车主把车驶入临时停车位时，在场停车保管员手上的智能 POS 机就发出了“滴滴滴”的提示。随后，保管员使用智能 POS 机对车主车进行拍摄，不仅准确记录了私家车的停车保管时间，而且同时录入了车辆的车牌号及外形外观等信息。当保管员使用了智能 POS 机后，车主可实现微信、支付宝、刷卡等电子支付模式，人工计时收费转变为地感器与 POS 机相结合的收费模式。智能停车系统能更准确地记录车辆出入信息，有效减少因计时出现的保管员与车主产生的矛盾和纠纷。此外，由于智能 POS 机能及时记录车辆的各种相关信息及影像资料，使车主能迅速找到自家车辆。

**公交、出租车线路规划**

江苏省镇江市建立公交大数据客流调查统计分析系统。该系统通过对车、站、线路的客流数据统计，完成对公交客流的流量、流势和流向的分析，将作为今后公交线路的调整、增删以及对线路各种情况的实时把握和控制的重要依据。

浙江省宁波市搭建交通数据信息共享平台。国省道实时视频监控、公路治超电子监控、公安系统车辆管理信息将在公路、交警部门实现互通，用于分析、查处违法超载车辆。同时，数字公路路政管理系统的超限车辆处罚信息，将在全市企业道路交通安全信用评价系统中直接实现“电子计分”。依托数字公路平台和联合执法，该市已实现车辆、驾驶人、源头企业等信息的共享和处罚联网。

浙江省嘉兴市交通部门与“车来了”App开展战略合作，在全国率先将公交数据向第三方运营商开放，引入公交出行实时查询系统。通过该平台，可掌握市民的出行频次、早晚高峰时段的精确时间、热门查询站点和公交线路等信息，汇总线网基础情况、班次运营指标、道路拥堵指标等并自动生成公交月报，全面了解全市公交行业运行状态和市民出行习惯。

上海市交警勤务指挥平台启用“大数据”模式。2016年，全市首个交警支队勤务指挥平台在静安启用。系统会根据交通行为模拟建设一套模型，设定好模块参数，一旦系统捕捉的画面中出现与这些参数不同的“异常数据”，系统就会切换进入照片拍摄，还能提取画面中交通违法行为车辆的车牌信息，形成违法图片和一段10秒钟的视频。经民警审核后，这些自动捕捉的画面和视频将成为处罚依据。不仅是违法停车，实线变道、逆向行驶、滞留人行道、占用非机动车道等多类违法均可以抓取识别。目前这种24小时全天候抓拍各类违法的“神器”已在静安区两个重要路口试点。

上海市浦东机场运用大数据解决困扰多年的机场打车难。不论是“人等车”还是“车等人”，根本上是供给与需求不匹配。若能对需求精准预判，实现车辆提前调配，旅客与出租车双方的利益就能最大化。交通保障部率先通过技术衔接，后台与机场运行指挥中心等对接，率先知晓未来数小时内即将抵达浦东机场的飞机架次与机型，按照飞机平均上座率80%计算，就可大体得到即将抵达的旅客数量。通过两年多数据采集，再与抵达人数对比分析，最终发现选择出租车的旅客比例是相对稳定的，白天约15%乘客选择出租车，夜间比例接近45%，每辆车平均搭载旅客数约1.5名。也就是说，若得知将有1000名旅客到达，基本会有150人选择出租车，车辆需求为100辆。有了这一数量概念，再计算旅客平均出港时间，国内约30分钟，国际约45分钟，调度中心即可提前通知蓄车场做好车辆调配，效率大大提升。

山东省青岛市智能产业技术研究院科研团队，通过综合城市人口分布数据、交通检测数据、网络社交媒体等数据，预测交通出行状况和热点交通事件的影响。例如，根据手机信号源的检测结果，青岛智能院的大数据平台可以智能预测交通出行发生量（出发地）和吸引量（目的地）的情况。再如，根据微博等社交媒体数据，大数据平台就能分析热点事件对交通出行的影响。

广东省佛山市南海区积极探索公交智能信息平台建设，充分利用大数据平台，收集、分析公交出行数据，为公交精细化管理及建设提供科学依据。比如，通过跟踪每条线路客流情况，对不同时段人群密度、流动方向进行分析，可以灵活调动、加密公交班次，提升公交服务水平。

福建省厦门信息集团卫星定位公司研发的“交通大数据分析应用平台”综合运用物联网、云计算、大数据等新一代信息技术，储集公交、出租、停车、道路视频、桥隧、港口、航班、列车、客货运等60多项数据资源，为厦门建立综合性立体化的交通信息应用体系提供数据支撑，实现城市主通道、高速出入口、桥梁隧道、公交场站、长途客运站、港口码头等路网运行状态的可视化监测、预报预警和分析研判，及时实施干预和发布交通信息。

## 三、大数据在市政道路桥梁养护中的运用

市政道路设施技术状况的评定数据、养护历史数据、交通流量等数据信息，将积累形成市政道路路网养护管理的“大数据”。通过对海量市政道路数据的挖掘分析，建立起路面性能与设计、材料、结构、养护、交通量、环境和地理位置之间的关系，可以为养护工作提供科学、高效的决策依据与技术支持。因此，应用大数据技术提升市政道路养护工作效果具有重要的现实意义，也应当是今后提升市政道路养护水平的新方向。

道路桥梁养护过程中的大数据及其运用。

目前，人类已进入大数据时代的新纪元，数据成为类似石油、天然气的重要

资源。发达国家率先实施大数据发展战略，中国也紧随其后将大数据上升到国家发展战略层面。2017 年，广州市制定《大数据发展的意见》，要求以大数据推动提升政府管理与服务的水平。大数据的运用有助于实现市政道路设施状况信息的自动收集与分析，提升道路养护施工的质量监管效率，提高道路养护的预测水平与预警能力。

## （一）道路桥梁设施养护中的大数据源

一是日常养护过程中产生的养护资料数据。市政道路实施的主管部门委托专业机构对路面、路基、桥隧构造物和沿线设施进行数据采集并进行技术状况评定，会产生大量的路况、桥隧或设施的数据。同时，作为日常养护工作内容，养护公司必须进行每日路况巡查，需填写相应的巡查日志，也会形成道路巡查日志等资料数据；根据相关的技术规范和要求，养护公司也会形成月度、季度、年度的路况评定资料。此外，近年来，在市政道路上大力推行机械化养护，也会形成部分资料数据，如记录机械清扫车行驶轨迹和路面平整度的 GPS 数据。这些数据汇总起来，便形成了养护资料数据库。

二是道路和桥隧大中修、改建过程产生的养护资料数据。道路和桥隧受自然环境以及车辆荷载等作用，其状况会逐步衰减。为了确保道路和桥隧的行驶舒适度以及行车安全，每年会对状况较差、安全不能保证的设施进行大中修或者是维护修复，以提高其技术状况，确保使用安全。部分路段为了满足经济与社会发展需要，会进行拓宽或改线等改建工程。上述工程也会产生大量的资料数据，而且，大中修工程与改建工程产生的道路资料数据，对于道路的评定与判断尤为重要。

三是日常监测、监控资料数据。在一些新建的或重要的桥梁、隧道结构上同步建设了健康及环境监测系统，以获得桥梁、隧道在运营状态下的结构响应和力学状态以及附加环境的数据。一般包括荷载数据、内力响应数据、表面形态数据以及环境状况数据等。此外，在部分主干道上，还会建设道路监控系统，对道路行驶车辆等进行实时监控，也会产生大量的车辆类型、行驶轨迹、流量等数据。在高速公路出口由于收费等需要，还建设了收费运营的管理系统，对每个道口进出车辆、车辆类型等进行记录。上述系统均会产生大量数据。

## （二）大数据技术在道路养护中的应用

市政道路养护产生了海量数据，而且数据随着时间逐渐累积，不断增多。随着大数据技术的运用与发展，将大数据与道路养护相结合，可进一步提高道路养护的预测、分析和解决问题的能力。如美国的 IntelliDrive 计划，该计划准备整合在美国生产的所有车辆的通信设备和 GPS 装置所产生的海量数据，使美国全境范围内的道路网可以进行数据交换，实现建立车、人、路一体的车路协调。① 该计划收集的不同车辆类型的通行轨迹与习惯，对于道路损害的预测具有重要支撑作用。

### 1. 实现道路和桥隧设施状况的自动收集与分析

道路养护大数据库，实现道路状况信息自动实时收集。充分发挥大数据特性，收集道路相关的数据信息，将道路建设图纸、检测评定的数据、交通量、养护施工、桥梁健康监测等全部信息进行存储、建档，建立起一个丰富的、动态的“道路资产全寿命信息数据库”，记录路网中每一条道路不同时期的数据信息，为养护数据分析提供全面、真实有效的数据源。开发能在智能手机上运行、易于操作、可靠的道路养护数据采集 App 系统，实现道路状况信息自动实时收集。通过该系统将采集到的各类数据及时、高效地传输至数据库服务器，提升路况信息收集效率。该 App 分为市民用户和巡查人员用户两种。市民只要在智能手机装载该 App，即可在行车当中根据颠簸幅度自动向数据库报送路面损坏情况。也可在公交车上装载该系统。步行的市民也可以使用该 App 进行随手拍照，将道路损坏情况照片及其地理定位上传至后台。巡查人员的 App 系统主要包括用户登录、巡查、巡查信息查询、信息下载等功能。（1）巡查功能主要是采集管辖路段的养护基础数据，如路基数据采集、路面数据采集、桥隧构造物数据采集、沿线设施数据采集；（2）巡查信息查询功能主要是查看录入系统的数据并上传或清空；

---

① 转引自董海龙．深圳智能交通系统应用现状［EB/OL］．［2012－10－17］．http：//www. Tranbbs. Com/news/cnnews/ITS/news－649802. Shtml.

（3）信息下载功能主要是在安装本系统后，第一次使用时需用分配到的用户名从服务器下载所管辖区域内的静态数据，如路段代码、起止桩号、路面类型、桥隧涵编号等。如云南省昆明移动巡检 App 用大数据管好全市路桥。昆明市城管局组织开发了“昆明市城市道路桥梁管理巡检 App 系统”，把全市已移交管理的市政道路、桥梁、隧道数据全部纳入了信息化数据管理。全市道路行政主管部门巡查人员，只要手持一个安装了 App 的手机，就可在巡查现场，针对道路破损、道路附属设施损坏、市政设施管养维护、道路开挖修复等情况进行文字描述并拍照实时上传，系统即自动生成巡检报告，提供在线预览、报表打印和导出功能，维护管养部门可按照由重到轻、由大到小的原则对各道路、桥梁问题进行及时维修。该系统还能自定义巡检周期，提供待巡检提醒，并在巡检完毕后自动通知道路行政部门主管负责人。主管负责人研判后可根据各巡检历史数据，做出养护、维修计划指令，下达到维护维修单位。市级行政主管部门也可通过系统对各辖区的道路维护管养情况进行 24 小时跟踪、监督。如湖北武汉市建设了桥隧安全智能化监管系统对桥隧健康进行在线监测。武汉市城建委利用城市桥梁智慧管理系统对全市 600 座市政桥梁和隧道建立电子安全档案，记录桥梁基本信息、地理分布、竣工图纸、检查检测和维修改造记录等信息，实现“一桥一档”的电子化户籍式管理。同时，武汉市城管委还利用桥梁健康监测系统对重点桥梁周围空气的温湿度、风速风向、主梁振动加速度、支座位移、主梁关键截面应变、斜拉索索力、主梁挠度等技术参数进行全天候实时监测。在监测数据发生异常时自动识别预警，并通知有关方面分析处置，避免灾害事件的发生。

大数据信息收集方面，智能手机、监控视频、汽车行驶记录仪等收集的数据，可以实现市政道路和桥隧设施状况数据的自动收集、诊断与分析。如可以利用智能手机的应用程序感应汽车弹簧的垂直加速度，估计弹簧垂直运动状况，以此来测量道路的平整度，以及时发现路面的破损情况并同步传输至养护公司，提高路面养护与管理效率。[①] 美国的波士顿市政府已经将这一技术与设备用于道路路面破损情况信息的收集。伦敦奥运会期间伦敦市政府推广的随手拍 App，市民使用该 App 对发现的市政道路和公共设施的损毁情况进行拍照上传，信息数据便

① Yagi, Koichi. Creating big data for pavement maintenance management of unsprung movement information from sprung acceleration, Intelligent Transport Systems [J]. 2014 (9).

可传送到相关责任部门，提升了养护效率。隧道的智能化故障诊断与健康管理PHM（Prognostics and Health Management）系统，也是利用各种传感器探测、采集隧道的相关参数信息，并实现数据传输、故障检测、故障隔离、性能监控、关键系统和部件的故障预测、残余使用寿命预计、部件寿命跟踪、性能降级趋势跟踪等功能。另外，大数据技术分析方面，将道路监控的车辆与路面管理系统的数据进行整合，可以实时记录桥梁上车辆荷载的行驶轨迹，结合桥梁定期检测数据，即可以得到相互之间的模糊关系，在类似车辆经过相应桥梁前，可发出安全预警或判断。

### 2. 实现对道路和桥隧养护工程质量的自动监管

大数据技术以及对大数据分析可以实现对道路实施养护施工质量的事中和事后的自动监管。首先，大数据技术可以实现对施工质量的实时监管。例如，利用大数据技术对沥青路面的碾压质量进行监测。① 由于很难直接测量沥青路面施工压实度，为实现施工过程的实时监控，可以通过安装在碾压机上的 GPS 定位组件、温度与振动监测传感器以及远程数据传输装置来监测路面碾压过程中的碾压温度、碾压遍数和碾压速度等物理量，借助这些辅助参数，以间接的方式达到控制压实度的目的。如此就能对道路施工过程进行实时监控，以达到更好控制道路施工质量的目的。其次，大数据分析可以实现对道路设施养护施工质量的事后监管。当前道路施工越来越重视对工程质量的控制，各种先进的控制手段也应用到了道路施工过程的监控中，并得到了海量的数据，如地点 GPS 数据、施工时间、材料使用、同一地点的施工频率等数据。通过对这些数据进行分析，便可以统计养护地点的施工时长与频率，以监测道路养护施工质量并进行预警分析，从而倒逼施工单位提高施工质量。再次，以大数据技术实现对养护工程施工质量的动态监测和科学评比。一是加强对养护工程施工的数据收集，建立养护施工质量数据库。例如，应该收集施工地点的 GPS 数据、施工过程的视频数据、沥青压实的时间、温度、次数的传感数据，等等，并同步传输到养护数据中心，以此实现对施工过程的实施监测。二是加强对施工质量数据的分析，实现对工程质量的科学评

---

① 韩立志，权磊，李思李．基于大数据理论的沥青路面碾压过程分析［J］．公路交通科技，2015，32（3）：26－31.

比。美国管理学大师德鲁克曾经说过，没有评价，就没有管理。加强对道路养护施工工程质量的评比，可以有效引导和激发施工方提高工程质量。通过分析不同时间的路况维护 GIS 大数据，路面损坏的时间频率和施工工程的视频和传感数据，可以实现对道路养护工程施工质量科学评价，并以此为基础对工程质量进行基于数据证据的客观评比。

### 3. 提高道路养护预测水平和安全预警能力

大数据的核心就是预测。它是把数学算法用于分析海量数据来预测事情发生的可能性。首先，预测道路性能状况的变化。在满足一定条件的基础上，分析使用更多的海量数据，则有可能提高道路性能状况变化的预测水平。如美国的 LTPP 计划就是典型。该计划在美国建立了一个全国性的公路数据采集系统，涵盖了路面结构、材料、气候、交通量等相关数据信息，然后研究基于大数据的公路性能预测模型，对道路性能进行综合精准评价。通过对大数据的综合分析，对路面的使用性能进行科学的评估，并且解释各种路面性能发生变化的规律和原因，进而将这些研究成果应用到路面的养护、维修、管理和设计中。最终结果是，有效提高对道路养护和管理决策的预测水平。[①] 其次，道路养护预算金额的预测。如何相对准确地估算出道路养护的年度预算金额一直是个难题。大数据及其分析技术的出现为解决这一难题提供了新的思路。建立分区域的年度道路损坏情况、养护工程的人工支出和材料支出、施工频率、天气情况等历史数据库，建模探索养护总支出与这些因素的关系，有助于最终确定相对准确的年度预算金额。最后，道路状况恶化的预警与及时处置。将路面与气候、交通等历史数据进行建模分析，探索路面状况及其变化趋势与天气、交通状况的关系与规律，在出现恶劣的降雨天气或不良交通状况时，自动实现对易浸、易损位置的预警分析，有利于养护方面提前做好应对预案。首先，通过道路养护大数据收集与分析，发现路面使用性能的衰减规律，可以识别养护的脆弱区域和地点的分布，有利于养护单位进行针对性的预判与改进，并且在灾害天气或重大活动前做出预警并进行及时处理。其次，实时向社会发布路况信息，方便市民出行。通过大数据分析，可以发

---

① 单丽岩，侯相深．LTPP 的进展综述［J］．中外公路，2005，25（5）：49－53.

现路面损坏集聚区，并向行驶于路网中的驾驶人员及时推送路况拥堵、封闭信息以及建议绕行路线，避免公路使用者的时间浪费，节约公众出行时间；向道路管理者及时推送路网突发事件与应急保障信息，为管理者提供快速处治方案，保障畅通运行。

## 四、大数据在公路养护中的运用

目前，国内已有部分省市运用大数据开展道路（主要是公路）养护，典型如江苏省、贵州省、山东省和兰州市。

一是江苏省。公路养护的科学决策涉及路况水平、服务水平以及资金投向、投资效益评估等诸多关键性元素，是一个非常复杂的问题。为提高省域公路养护的科学决策水平，江苏大力推进公路养护信息化建设，经过多年探索，实现了公路养护决策依据由传统经验型为主向信息化大数据为主的华丽转身。“十二五”以来，江苏公路系统围绕公路养护规划目标，通过覆盖全行业的“一网、一图、一平台”信息化基础工程体系，实现现有数据系统与公路养护分析平台 CMAP 的无缝对接，依托“大数据”平台实现全资产管理和养护投入精准判断的科学决策。

2000—2007 年，江苏省采用定期调查和实时更新相结合的方式，构建起公路基础数据库，并按照相关规范要求，以南京市和徐州市为试点，采用目测和仪具量测方法，对普通干线公路进行路况数据采集和评定；同时，通过自行研发的决策树方法，设定养护对策和需求、养护资金分配、养护工程项目规划等基础内容，为公路养护的科学决策创造了重要条件，并逐步推广到全省。针对人工检测在尺度统一、检测效率等方面的局限性，江苏公路管理部门在下发并落实《江苏省公路基础数据更新管理办法》等指导性意见的基础上，推进了检测与评定工作的专业化、自动化，实现了公路技术状况评定、养护计划制定、养护投资效益分析评估等工作的科学化、规范化、程序化，为公路预防性养护和全寿命周期费用科学测算奠定了基础。连续 8 年的普通干线公路技术状况检测工作，使江苏积累了多达9.9万公里的路况大数据。2010年起，江苏公路管理部门积极深化大数据挖掘和信息化平台整合，利用历史数据资源，提出了海量数据存储和管理的方法，建立起了养护资金与路况水平的关联模型；选取无锡、苏州、南通、徐州和连云港等地市，试点编制了地市级公路养护管理现代化实施计划和工作方案，在“微路网”养护决策层面上，逐步探索出区域路网养护科学决策的新途径。

二是贵州省。为了更好地满足高速公路养护管理单位的工作需求，加快推进贵州高速公路养护管理信息系统从过去的“线状运行”发展到“网络化运行”的新阶段。贵州基于电子地图技术，采用JavaEE平台开发的Web应用系统，整合了高速公路的道路、桥梁、隧道、涵洞等设施数据，汇聚了视频、地图、养护业务数据等多种资源，对养护业务管理流程进行了数字化管理。自2015年8月20日上线以来，该系统一直处于稳定运行中。通过整合设施数据，将道路、桥梁、隧道等设施进行分类和电子地图化，为养护业务的开展提供了数据基础和可视化手段；通过汇聚视频、地图、养护业务数据等多种资源，为用户统一管理监控视频、快速定位和修复病害提供了便利。同时对贵州境内近20条高速公路的4000多座桥梁，700多个隧道进行精细化管理，提高了养护业务的执行效率和监督效果，实现了管、养的一体化管理。该系统结合“互联网+”和“交通大数据现状”，通过对日常养护业务数据的深入挖掘和分析，为养护管理单位科学制定养护计划和预算，合理分配养护资源提供了数据支持，提高养护管理的整体信息化水平发挥了积极作用。从而有针对性地开展养护业务推进智慧高速路网体系建设，实现省市间应用系统互联互通、多级联动与共享服务；有效节约巡查时间，节约养护成本，提升路网管理的智能化、信息化水平。

三是山东省。“十三五”期间，山东省的公路将加快养护“大数据”进程。目前，省、市两级公路数据库已全部建立，依托交调站、观测点自动化观测和计算机处理技术，实现数据动态更新，保证基础数据库的及时维护。同时加强推广路况快速检测、分析、决策支持等成套技术研究，以路况水平、服务水平、资金需求、投资效益评估为重点，开展大数据分析，建立科学的公路养护决策机制。构建和完善全省统一的公路行业管理信息平台，进行数据库间的互联互通、信息共享，实现交通大数据的共建共享。

四是兰州市。2015年，为节约资金、降低养护管理成本，兰州公路管理局在实现预防性养护管理目标和实施精细化养护措施的方式方法上进行了积极的探索性尝试，研发出了实况直播系统“养路宝”。“养路宝”直播系统是一套实时视频直播软件，支持多种终端设备，具有简便、快捷、灵活等特点，便于一线养护职工操作，能全方位展示工作动态和内容，实现养护施工现场与后台管理中心的实时互动，快速解决公路养护管理中出现的问题，提高远程指挥调度与管理效率，方便数据的保存，节约劳动力。目前，“养路宝”系统已经实现了日常巡查病害、实时视频直播汇报、养护工程实时远程监控、现场应急保障远程视频直播等功能。该系统为公路养护管理科学化决策提供了及时、准确、完整的第一手数据信息，为预防性养护方案的制定提供了切实有效的依据，基本实现了预防性养护依靠主观经验向客观数据科学决策的转型升级。实况养路宝可随时随地播放小修保养、工程施工、水毁维修工程等作业现场情况，及时反映巡查、施工、养护作业等过程中发现的问题，工作人员即使不在作业现场，也能通过观看工作直播准确掌握现场情况，这不仅提高了工作效率，使上级指导工作更加便捷、迅速、及时，而且减少了费用开支，节约了成本。同时，兰州市还建设公路养护大数据中心，实现养护数据、交通视频信息的数据挖掘和分析功能，为公路养护的管理决策提供依据。

# 第五章　大数据在社会管理中的运用

大数据的共享、集成、挖掘和分析等技术被大量运用到治安、城市管理、安全生产、税收征管、信用体系建设等社会管理的领域中来，并取得良好效果。如治安方面，美国洛杉矶警局与科研机构合作，基于过去 80 年的 130 万个犯罪记录开发出预测犯罪高发地点的软件；[①] 城市管理方面，纽约市成立了市长办公室的数据分析团队，收集和分析来自城市各个市政职能部门的所有数据，以提升政府治理的效能，更有效地打击违法行为，保障公共安全；[②] 手机信令数据可以运用于城市交通管理与规划，等等。我国地方政府也大量将大数据运用到社会管理中，取得较好效果。

## 一、大数据在治安与警务管理中的运用

随着物联网、云技术、传感器、监控视频、人脸识别等技术和工具的出现和大量使用，在治安和警务领域沉淀了海量的人类活动轨迹、影像、通话、通信和网上消费支付数据，为治安和犯罪预判、防控和处置提供了极大的便利。

---

① 单勇．基于犯罪大数据的社会治安精准防控［J］．中国特色社会主义研究，2016（6）：54－61.

② 施雯．基于大数据的情报分析如何助力城市管理——纽约实践及启示［J］图书情报工作，2016（4）：113－117.

**大数据在社会治安防控中的运用**

在治安防控领域，警方可以收集和运用人口信息数据、视频数据、治安警情历史数据等大数据源，通过数据机器学习、数据整合、数据碰撞等大数据技术，从而实现人脸识别、治安警情实时分析和预警推送等功能。具体见表5－1。

**表5－1 大数据在社会治安防控中运用的原理**

| 大数据源 | 数据处理 | 功能实现 |
| --- | --- | --- |
| 人口库、房屋、网格巡查、人像、车辆、门禁视频、监控视频、传感信息、射频数据、物联网数据、治安警情等数据 | 数据整合<br>数据挖掘<br>数据分析<br>数据碰撞 | 人脸识别<br>数据快速核查<br>智能分析<br>预警推送 |

我国警方运用大数据进行治安防控的典型例子如下：

广东省佛山市顺德区公安局把任务接收、巡逻盘查、实有人口、房屋、单位管辖等工作在社区警务的“e机通”平台中实现，并通过后台公安网大数据支撑，提供自动识别，人像实时比对、数据快速核查等功能，使得民警可以在现场完成核查。顺德公安对所有治安要素在PGIS地图上关联上图，实现了可视化管控。同时，以云计算、大数据处理等新技术为关键支撑，整合公安20多个业务系统，收集和汇聚各类数据上百亿条，为社区民警提供信息资源服务，推动情报分析应用向深度发展；并利用信息碰撞、分析研判、人像识别等新技术，强化对人、屋、车、场所筛查和规律轨迹分析等功能，对重点管控领域进行智能分析、预警推送。在出租屋管理方面，利用小区的门禁视频数据，与流动人口、出租屋、从业情况、涉案人员等数据，综合分析出需重点检查的出租屋预警信息，以供社区民警加强管控，实现了“任务智能化”。

福建省宁德市蕉城分局以数据运用来加强警务，针对农村地区人户分离、门牌乱象，实地采集“人、房、户”基础信息，有效结合航拍、GPS定位，以技术支撑打通“人地”要素链接，建成“数网一体”基础平台，为执法办案快速查询、准确定位、还原现场夯实基础。福鼎市公安局通过“物联网＋”规范超标电动自行车管理，为6.1万辆超标电动自行车安装了与车辆牌照对应的射频标签，实行“一车一人一档”，实现了超标电动自行车管理的数字化、可视化。

浙江省嘉兴市嘉善县公安局罗星派出所的警务搭上“智慧快车”，以智慧安防应用为重点，人脸识别系统、车牌识别系统、电动车防盗识别系统等采集设备织起了一张张信息大网，实现了“人过留影、车过留牌”，为“云上公安，智能防控”提供了有力的数据支撑，截至2016年年底，累计建成治安小区90个，采集车牌数据420余万条，建成电动车轨迹800余万条，人脸轨迹数据300万条、无线智能终端特征码32亿余条。通过大数据的运用，嘉善县所有治安小区刑事警情比2015年显著下降。

广东省中山市警方把健康花城作为火炬区平安建设试点单位，在小区西、北门及流水河门口安装了“人脸识别系统”。该系统启动后，小区居民进出先刷门禁卡，摄像头将对居民的人脸进行定位，通过提取特征，与门禁卡、个人库、家庭库和小区居民库进行比对。比对成功后则可通过门禁，否则将被拒绝。目前该小区“人脸识别”系统已采集图像200多万幅，抓拍匹配率达到了97%，成为省公安厅社会治安防控体系建设的特色示范项目。

广州市白云区新市街道利用大数据门禁系统管理出租屋，4147栋出租屋的进出大门安装了IC卡电子门禁，形成了一个可以进行大数据分析、精确管控的信息系统。在这里，每栋出租屋的进出大门安装一把智能锁，住户和租客需用身份证才能办理“钥匙”，每个“钥匙”对应一个身份证号、一处地址。办理“钥匙”的新市派出所通过门禁系统，第一时间掌握了租户和住户的人口信息。派出所将人口信息与公安部门的人口信息库进行交叉比对，还筛查出了逃犯。此外，住户刷卡进出时，门禁系统会记录下时间，派出所对一些极端作息时间的住户进行盘查，查获贩毒嫌疑人。

湖北省武汉市千台警车安装“智能警务平台”。通过在执法车上安装智能后视镜和4G终端，便于对民警的处警过程以及现场情况进行拍摄、记录和存储。“车载智能警务平台”能通过分析历史接警大数据，形成“警情热点”等，引导民警主动出击，有目的性、针对性的对辖区进行巡逻，可以有效监控执法人员，从而规范执法。如果遇到投诉、扯皮等情况时还可以调取历史记录。有了该平台后，半年来通过该平台出警导航6.5万余次，平均每次节省2至3分钟的出警时间，出警效率大大提高。

江苏省南京市越城公安推出娱乐场所禁毒智能化管理平台。易涉毒场所管理平台分电脑和手机微信两个版本，设禁毒大队、辖区派出所、场所三级权限，平台分为场所概况、人员管理、每日巡查、教育培训、预防宣传、通知公告等6大服务管理模块，最大程度涵盖禁毒场所管理内容。娱乐场所录入从业人员信息推送至平台后，分局落实专人立即核查有无吸毒前科、违法犯罪记录等情况，并及时反馈给场所负责人，为娱乐场所把好人员前置关。此外，根据KTV等场所实际情况，在平台上创建虚拟房间，设置二维码与平台房间关联，巡查人员通过扫包厢二维码开展巡查、输入情况，平台自动生成巡查记录。一旦出现异常情况，平台就会通过短信推送给禁毒大队及辖区派出所分管民警，并指令值班民警立即进行核查处置。

江苏省虎丘景区启用测试人脸识别系统。为提升景区安防工作水平，虎丘景区管理处联系监控技术公司引入人脸识别系统技术进行实用性测试，在演示过程中，监控室工作人员只需采集到当事人入园时和事发现场正面脸部图像信息或导入二代身份证照，系统便能通过高效的人脸识别算法，实时将采集信息与景区内带识别功能摄像头采集的海量人脸信息进行比对，再根据预设阀值判断是否为本人，最后将当事人图像及经过某摄像点位的时间反馈给监控平台。经测试，寻人所用时间由原先一至两小时缩短为几分钟。

陕西省宝鸡公安开发人像身份比对安检系统。宝鸡公安开发的人像身份比对安检系统，获得国家知识产权局实用新型专利授权。该系统是基于人像身份识别技术，通过采集当事人人像信息，与二代身份证、护照等证件以及公安人口系统的人像等信息实时比对，从而快速、准确的验证当事人身份。该系统可广泛应用于大型人流密集场所、重点单位、要害部门的实名身份验证。同时，该系统将采集的各项信息集中存储，为通过大数据碰撞比对进行治安防控、案件侦破等工作提供了详细的数据。

**大数据在信息侦查中的运用**

在信息侦查领域，警方可以收集和运用居民通信信息、金融机构用户信息、治安警情数据等大数据源，通过数据整合、数据互换、数据研判等大数据技术，从而实现信息联查、预警推送、精确侦查等功能。具体见表5－2。

**表 5－2　大数据在信息侦查中运用的原理**

| 大数据源 | 数据处理 | 功能实现 |
|---|---|---|
| 通信公司用户通信记录、金融机构用户信息、治安警情数据、情报平台、人口信息、公安信息、参保信息、房地产信息等数据 | 数据整合<br>数据分析<br>数据研判<br>数据互换 | 精确侦查<br>信息联查<br>预警推送<br>高效办案 |

我国警方运用大数据进行信息侦查的典型例子如下：

湖北省钟祥市检察院建立侦查信息大数据平台，并与发改局、工信局、国土资源局等 17 家行政执法机关、公共服务企事业单位完成信息对接，整合侦查信息资源、扩展信息获取渠道。包括可查询移动、电信、联通三家通信公司用户通话、短信记录及机主资料以及在钟祥市内金融机构所登记的个人、单位的开户资料、资金流水等信息，提升对各类信息的分析研判能力，提升办案效率。

江西省九江全力推进“全警情录入 +”运用大数据强警：所有警情信息全部录入“三台合一”系统、所有案件办理均从“三台合一”系统发起办案流程。2016 年 10 月 14 日，武宁县城发生一起抢劫案件，办案民警追踪到一个嫌疑人的重要信息，但几经查找都无法确定嫌疑人的身份。办案民警抱着试试看的想法，把这个信息码输入“三台合一”碰撞，这个信息居然和 1 月发生的一起轻微交通事故中的信息碰撞成功，从而迅速确定了嫌疑人的身份。九江公安整合运用大数据，探索出一套情报制导的科学方法，依托“三台合一”平台开发出警情热力分布图，在热力图上分别用红、橙、绿、白对某个时段或某个区域案发生情况进行分析展现，再根据颜色安排巡逻、布控警力，以最合理的投入实现最精确的防范。浔阳区公安分局结合自身特点，推出自选动作“全警情录入 + 两车（摩托车、电动车）打防控”，有效整合“两车”违法嫌疑人员信息、案发现场视频资料、重点管控人员 GPS 定位等数据。

广东省佛山市基本建成公安大数据平台，实现了数据由“下”向“上”聚合，由“点”到“网”融合、由“单点”到“共享”应用。专业警种先后构建起“涉盗抢嫌疑人”“涉盗抢销赃人员”“涉电诈高危”等案件类别数据库，且互联互通。研发“警务 App”，为一线民警配备移动警务终端。“佛山警务 App”

以普通智能手机为终端，利用情报平台整合各类社会和警务信息，包括全国在逃人员、吸毒人员、被盗抢车辆、刑事人员前科等公安资源库，民警可随时随地进行现场勘查、警务报备、信息采集、情报支持、信息推送等操作，通过对被检查车辆、人员信息进行简单扫描核查，实现“查询即采集、录入、比对、反馈”一条龙。其中禅城区分局还基于大数据分析技术打造了视频图像侦查平台（视云大数据平台），结合优化并行加速查询引擎技术和车辆识别智能算法，通过对卡口、电警、视频资源统一联网整合，通过实时监控、天网搜车和智能研判等方式实现自动抓拍、秒级查询、自动识别、精准比对、联动报警一套完整的业务流程。

广西南宁市警方通过“绿城微警”，民警在日常工作中可快速查询工作对象的人、车信息，几秒钟便可得到比对结果，大大提高了工作效率。“绿城微警”是一款专供公安民警使用的App，民警掏出手机就可以收发指令、处理信息、办理业务。

安徽省淮南市建立公安大数据平台和应用系统，统筹指挥、情报、网络、治安等关键数据，实现自动关联、智能推送、提高预警能力。在社会服务方面，淮南市建成“一中心三平台”社会服务信息系统，整合49家市直单位406类近6亿条数据，在全省率先实现公安、人社、卫计等部门之间数据动态互换共享。

江苏省张家港市利用大数据将新市民服务延伸到神经末梢。近年来，张家港市针对70多万新市民群体人员多、流动性强的特点，借力大数据运用，将新市民服务延伸至神经末梢，取得良好成效。张家港市的主要做法是：整合公安、经信委、城管、房产管理等部门信息功能，依托人社、水电气、网吧、就医、房屋中介、物流等社会数据，建立大数据分析计算模型，同时开发流动人口大数据应用平台，根据职能部门需求，对汇聚整合起来的数据进行分析、加工和处理，并实时推送给相关职能部门，实现数据增值、信息增效和服务实战，充分发挥流动人口数据的深度作用。通过参保信息与公安信息比对，发现未登记人员信息，消除了管理盲区；并推送疑似非法用工企业和务工流动人口等相关数据，有效提升了相关职能部门对“非法用工”行为的查处精确度；通过数据比对，发现和掌握了流动人口违法犯罪人员和高危人员，发现网上逃犯。

江苏省泰州市姜堰区公安局以大数据支撑实战，自主研发以数据资源、图像应用、阵地管理、勤务督导等为核心的集群化应用模块平台，搭建了人员类、车辆类、物品类、反哺基础类等16个实战应用模型；定位大数据指挥服务中心的核心位置，以合成研判、指挥调度、公共安全等六大分中心建设为抓手，在中心大厅设立了综合研判、指挥协调、刑事技术等8个功能区，集中相关警种研判人员统一办公，引导全警搜集数据、研判数据、应用数据。数据平台已导入103万条入户入企走访、阵地管控、窗口服务等信息资源；大力推进“数据天网”建设，初步形成“人、车、电、网、像”等立体化采集系统，已建成“3.20”高清卡口抓拍点144个、高空抓拍点38个、高清监控点4000多个；整合汇聚民政、交通、教育及水、电、气等41个部门单位151类社会信息资源数据5000多万条，拓展政府交换、合作共建等数据采集方式，与周边地区交换社会信息数据300万条。目前，数据池已经汇聚各类数据信息近50亿条，为警务实战提供了有力支撑。

河南省信阳市善用“大数据”畅通寻亲路。2017年5月，该市救助管理站联合莲都公安分局为长期滞留人员进行DNA、指纹采集，同步录入“全国打拐DNA信息库”和“全国走失人口DNA数据库”，结合人像识别系统进行比对。虽然救助人员家属未必进行过DNA采集，但是本着不放过一线希望的原则，民政公安联合开展DNA采集比对。

贵州省黔东南州的“智能笔录云平台”，大大提升了民警笔录制作效率和质量。以审判为中心的诉讼制度改革后，对公安刑事笔录制作提出了新的更高的要求。为了避免过去笔录模板内容简单粗糙，讯问要素不全、针对性不强、法定程序未能体现、数据孤岛等现象。贵州公安机关研发出了多功能“智能笔录云平台”。目前，黔东南州公安机关基层一线办案民警“智能笔录云平台”使用率达到99%，制作各类有效笔录共计60082份。“智能笔录云平台”不仅规范了民警笔录制作，它还可以根据嫌疑人的犯罪类型，依据大数据分析，自动生成询问的问题。这些问题是依托公安网海量的后台数据资源，以云端存储和“云计算”技术为支撑，分析形成笔录问题，以此提升民警笔录制作效率和质量。

江苏省泰州市公安局研究制定全警信息采集方案，加强重点信息的采集，提升科技采集能力，汇聚社会信息资源；建立健全考评奖惩机制，要求基层单位及社区民警、窗口民警、案件民警注重信息资源的收集。

大数据创新助上海市法院破解“执行难”。上海市法院通过加强与工商、房产、金融等单位的协作，实现通过网络对被执行人股票、房产、存款等财产的由“查”到“控”，提高效率。上海高院执行局局长韩耀武介绍，上海法院还将进一步完善网络执行查控体系，将查控内容覆盖到社保、公积金、第三方支付平台、理财产品等领域，做到有登记财产“全覆盖”；并缩短查控反馈时间，提高查控自动化程度，做到“查、扣、冻”一条龙，用信息技术“秒控”被执行人财产，防止财产被非法转移或隐匿。这套大数据系统充分运用各类基础数据，勾勒出被执行人的信息轮廓，辅助追查被执行人财产线索，甚至还能建立被执行人履行能力评估模型，对案件能否顺利、足额执行进行估算，监测失信被执行人动态，预测执行工作态势等，通过大数据的运用促进执行效率的提升，维护当事人的合法权益。

陕西省省法院为加大执行力度，与省内银行全面开通“点对点”网络查控系统，全省 121 家法院全部连通最高法院“总对总”网络查控系统，实现了存款、证券、股权等信息全国联查；与公安、工商、民政、土地、房产等部门建立“点对点”查控系统，实现了对车辆、企业、婚姻、低保、房地产等信息的省内联查。

**大数据在治安监督管理中的运用**

陕西省安康市旬阳县打造“数据型”公安队伍。旬阳县公安局在大力整合社会数据资源的同时，着力解决大数据智能分析系统，以“云战平台”打造“数据超市”，切实服务实战。一是把数据“聚”起来。在“三秦警务云”的总体构架下，整合社会视频资源，全面对接银行、电信、医疗、交通等系统信息，让分散的信息流汇聚成团。二是把数据“联”起来。打破信息壁垒，通过信息“碰撞”“关联”，让“条数据”变成“块数据”，运用“人工+智能”解析，为实战提供有价值线索。三是把数据“用”起来。数据的“聚”“联”，其落脚点在“用”，服务精准“打防管控”，并通过建立健全联动联勤机制，提升警务实战效能。另外，旬阳县公安局积极探索“数据考勤考绩”管理模式，强化了队伍自律和自觉性养成。一是落实“电子考勤”和“电子考绩”系统，强化对民警上下班纪律、日常工作实绩的考核考评，并实行“周通报月点评”，让精细化的管理方式成为工作习惯，提升民警自律意识。二是强化执法音视频中心职能，将单警执法记录仪、车载记录仪、办案区视频监控等执法音视频资料集中统一管理，实行小案回溯式审查、大案要案网上实时巡查，让数据“第三只眼”促使执法规范提升。三是依托“电子记录”实现队伍监督管理“数据化”。警务督察平台对接社会视频监控和移动录像设备，采取“点击式”“跟踪式”督导，对街面巡防警力、大型活动安保、突发事件处置等警务活动明察暗访，让数据服务队伍正规化管理。

广东省湛江市公安局建立智能防控系统。该智能防控系统能通过基站、北斗卫星导航系统和 GPS 三种路径接收信号和收集数据。在道路、停车场、机场等重点部位、治安复杂区域，安装视频监控、电子围栏、门禁系统采集设备，全面感知车辆轨迹、人像轨迹，进行数据收集和大数据实时对比。

江苏省南通市公安局督察部门依托警务基础平台，针对日常督察中常见的执法问题情形，设计制作了 5 大类 145 项智能督察模型，实现了对执法环节的深层次网上督察，实现了督察工作由“寻找问题”向“查证问题”的转变。从 2013 年起，该市公安局整合各类公安信息系统及社会数据资源，建立了全局共享的警务数据中心。“近年来越来越注重数据的规范化、标准化建设，为警种部门开展大数据应用提供了良好条件，公安网上督察工作也进入了快速发展期。从过去的留置报备到音视频监控，再到一体化应用、搭建智能模型，实现了一个平台多途径行使督察职能，精确制导现场督察，督察效能“倍增”。大数据督查不仅实现了对个案问题的及时查纠，更注重研判分析数据分布规律特点，预测未来发展趋势，提前采取干预措施，真正实现了队伍监督管理乃至公安全局工作的预警、预测、预防。据了解，在传统系统卫星定位、执法监督、警务评议等功能的基础上，该市公安局的大数据网上督察系统还增添了“资源汇聚、综合预警、智能筛查、效能评估、跨界应用、趋势预测”六大全新功能。

贵州省贵阳市公安局在深入分析贵阳交警试点的基础上，决定在全警范围内进一步推开“数据铁笼”建设，同时打造执法规范化和队伍管理两个“数据铁笼”，实现权力运行的全程数据化和电子化，数据信息只要上传到数据管理平台上，都会被永久锁定，不能更改。截至目前，贵阳市公安局“数据铁笼”已经开发建设了 20 个模块。其中，执法规范化“数据铁笼”包括涉案财物、执法监督；队伍管理“数据铁笼”有值班备勤、考勤、工作任务等模块，正在逐步实现对公安工作和队伍建设的全覆盖。

**大数据在消防工作中的运用**

云南省昆明市公安消防支队在手机微信平台基础上创新研发的“派出所消防警组工作平台系统”，目前已经完成了全市超过17万家社会单位和其所在的建筑信息采集。在此基础上，全市消防协警借助公安警综平台和工商信息平台数据，在全省范围内率先明确了社会单位底数，并超额完成了对17.2万家社会单位的登记造册。“平台”主要包含系统人员管理、消防管理、查询统计、96119联动四大功能，可以实现现场对火灾隐患、违法行为和宣传培训进行拍照备案，实现被查单位GPS定位、单位和建筑信息采集、消防设施设备及重点部位二维码管理、监督检查报告生成上传和现场宣传培训教育记录上传等功能。对民警移交的案件，消防参谋可通过微信端进行核查，采取不同的执法手段后将案件结果提交到警务综合平台。警组系统将自动通过公安内外网数据交互机制，将前端采集的现场证据和隐患信息同步到金盾网内，并自动流转至警综平台的消防行政执法系统中，当相关执法流程全部完成后，最终由警综平台把案件处理信息回传到警组系统。而这一切的开始，只不过是贴在建筑重点部位和消防设施处的二维码。系统在后台能自动生成“全市隐患数据热力图”，这既能直观、形象展示火灾隐患排查工作推进情况，又可以对单位和个人任务指标完成数据进行图标分析评估。

江苏省南通市消防支队将消防数据与公安、安监、教育、民政等小数据融合汇聚，构建以消防数据标准管理、消防资源、目录管理以及各类消防应用服务接口等为重点建设内容的“云架构”专题资源库，实现消防数据服务与防火监督、灭火救援的同时，为群众消防精准宣传、便捷服务提供方便。“有图有真相”的消防安全隐患“随手拍”，将消防安全隐患的行动纳入到全民范畴，也让当地市民真正体验到“指尖上的消防”带来的便捷与顺畅。系统在收到举报后，将直接发送短信至拍摄区域的消防网格员，若查处属实，便及时责令整改，并第一时间通过短信及时反馈；若24小时内未处置完成，系统将会逐层上报至该单位消防监督人、社区民警，直至辖区消防部门。从发现上报、调度分流、到处置反馈、任务核查，随手拍平台让消防隐患处置形成完整的闭环，串联起线上与线下两张“网”，实现了从消防部门“单打独斗”到“全民参与”转变。消防监督人员使用警用平板电脑开展现场监督执法，工作的同时数据悉数如实入库；中队官兵在日常“六熟悉”过程中，依托移动设备动态采集道路水源及单位重点部位情况；支队微信公众号可以在为普通社会公众提供器材到期提醒、防火知识宣传等服务的同时，实现各类动态数据的同步采集；企业单位则依托以物联网感应感知技术为核心的远程联网监测系统、化工企业“危报”App等新型手段，实现企业消防数据的全面汇聚。

## 二、大数据在安全生产管理中的运用

在安全生产管理领域，政府可以收集和运用安全监控系统、监控视频、传感信息等大数据源，通过数据分析、数据监测、数据共享等大数据技术，从而实现预测风险、防范风险、精确监控等功能。具体见表5－3。

**表5－3　大数据在安全生产管理中运用的原理**

| 大数据源 | 数据处理 | 功能实现 |
| --- | --- | --- |
| 安全监控系统、监控视频、位置监控、传感信息、二维码信息、物联网数据等 | 数据分析<br>数据监测<br>数据共享 | 预测风险<br>防范风险<br>精确监控<br>源头治理 |

我国政府运用大数据进行安全生产管理的典型例子如下：

新疆全区煤矿安全“千里眼”四级联网取得新进展：煤矿安全监控系统主要采集煤矿井下瓦斯、一氧化碳等有毒有害气体、机电设备停开状态、井下人员位置监控、工业视频监控等数据，进行大数据分析，预测煤矿井下安全风险。实现“煤矿—县市—地州—自治区”煤矿安全监控四级联网后，相当于为煤矿安全监管监察部门安装了“千里眼”，在地县级监控大厅里能实时调取各煤矿监控数据，有效实现了关口前移、精准监管监察、源头治理、科学防范，在自治区煤矿安全监控系统大厅里能调阅各地的煤矿历史数据，进行事故大数据分析，以科技手段为支撑，提升全区煤炭管理部门的监管监察水平。

江苏省常州市质量技术监督局联合江苏新天益信息技术有限公司，研发的电梯大数据平台已进入试运行，该平台采取“预防为先、防消结合”的现代科技手段，对电梯实施监管。每部电梯都将拥有唯一编号和二维码。与电梯的原始身份证“注册代码”不同，电梯的新型身份证——“五位标识码”，更加简单易读，每个编号都对应电梯大数据平台中存储的 8 大类信息，包括电梯基本数据、维保数据、检验数据、故障数据、救援数据、投诉数据、单位考核数据、安全技术文档，维保人员何时何地维保了电梯的哪些部位等，都通过物联网传感技术存储在大数据平台中，使维保过程“偷工减料”等行为无处遁形。同时，市质监局还配合电梯维保监管测评系统，同步建立了全市电梯维保“黑名单”制度，每年对电梯维保单位进行星级评定，对列入“黑名单”的维保单位实施重点监察。在大数据平台上，市质监局还将联合市消防支队专门开发电梯应急救援系统，对全市所有电梯进行信息采集，每台电梯安装应急救援标识牌，一旦发生电梯困人情况，市民只需拨打 119 紧急救援电话，报出电梯新型身份证，119 接警中心就会对事故电梯进行即时定位，第一时间完成对救援单位的调度，并通过物联网技术跟踪救援全过程，保障被困人员获得救援。

浙江省衢州市开化县构建危险化学品安全风险预防大数据平台。一是建立危险化学品安全风险数据库。根据行业特点建立分层级管理的安全风险数据库。数据库包括危险化学品名称、最大储存量、安全技术说明书等安全风险信息。二是构建危险化学品安全风险预防大数据平台。依托政府数据统一共享交换平台，形成政府建设管理、企业申报信息、数据共建共享、部门分工监管的危险化学品安全风险预防大数据平台。三是发挥安全风险预防大数据平台的作用。依托省统一平台开展安全公共服务，通过公布咨询电话和公开已登记的危险化学品相关信息，为社会公众、相关单位、政府及部门提供危险化学品安全咨询和应急处置技术支持服务。四是倡导企业建立安全管理信息平台，提升企业自身安全管理能力。及时登记全流向、闭环化的危险化学品信息数据，基本实现危险化学品全生命周期信息化安全管理及信息共享。

## 三、大数据在城市管理中的运用

### 大数据在城市规划与建设中的运用

在城市规划与建设领域，政府可以收集和运用GIS系统数据、城市规划与建设信息、车辆定位数据等大数据源，通过数据分析、数据共享等大数据技术，从而实现预警分析、精确监控、科学规划等功能。具体见表5－4。

**表5－4　大数据在城市规划与建设中运用的原理**

| 大数据源 | 数据处理 | 功能实现 |
| --- | --- | --- |
| 城市规划与建设信息、车辆定位数据、手机信令数据、社交数据、GIS系统等数据 | 数据分析<br>数据共享<br>数据整合 | 预警分析<br>精确监控<br>科学规划 |

我国在运用大数据进行城市规划与建设的典型例子如下：

江苏省无锡市的地下管线大数据助攻“拉链马路”顽疾。2009年至今，无锡已完成建成区约380平方公里的管线普查，粗至直径2.4米的安全供水高速通道，细到直径二三十毫米的交通信号线，11类22个权属单位的管线均纳入综合信息系统，该市在全省率先迈入了地下管线有据可查、有章可循的大数据时代。在江苏省无锡城市规划信息中心的三维平台上，技术人员演示了三凤桥肉庄西侧中山路段的地下管线探测。电脑鼠标充当挖掘机，模拟挖开路面后，颜色各异、粗细不一的11种管线纵横交错在眼前，最粗的是近1米直径的供电管沟，绿色标识；最深的是粉红色的污水管，埋深1.92米。假如该路段需要开挖，施工单位就应该到规划部门报备相应手续，然后从信息中心免费调阅地下管线资料，以便优化操作方案，实施精细化作业。地下管线信息库，为拒绝“拉链马路”提供了技术支撑。以往经常出现路面反复开挖问题，一个重要原因便是施工单位不清楚地下管线，缺少统筹考量，顾此失彼后只能多次纠错。如今，地下管线的精准信息从工程项目的规划设计环节即导入，保障新建、改扩建道路只开挖一次路面，施工后一次性恢复，原则上 5 年内不再被重复开挖。据统计，这几年市区“拉链马路”现象已降至个位数。为不让普查数据“沉睡”在库里，该市除了动态更新地下管线信息，还开发出信息系统的地下管线纵横断面分析、碰撞分析、寿命预警分析等功能，为维修养护部门提供参考。下一阶段，全市将展开对高压燃气管、成品油输送管等易燃易爆的地下危险品管线的专项普查，并将其纳入信息化监控。

2016 年，江苏省扬州市规划局在传统数据基础上引进手机信令数据、车辆定位数据、公交刷卡数据、社交数据等更多类型大数据，同时强化大数据分析手段，搭建更专业的规划大数据平台，一期工程包括四大板块：规划大数据体系建设、基础资料数据库建设、交通数据调查、交通需求预测模型构建。市规划局负责同志介绍，规划大数据的服务对象主要包括政府、规划编制单位和社会公众。通过规划大数据的研究，扬州在未来进行快速路、轨道交通、对外枢纽、交通政策等重大交通决策时，可利用交通需求预测模型进行不同方案的社会经济效益定量评估，从中选择最优方案。

江苏省市区地下管线 GIS 系统建成，以往城市地下自来水管道、燃气管道出现泄漏现象，往往要挖路掘地后判明情况才能处理，如今鼠标轻轻一点，就能知道哪里出了问题。2015 年扬州市区地下管线 GIS 系统全部建成，开始投入试运营。这一系统覆盖区域约 372 平方公里，为扬州城市建设提供了“智脑”，只要鼠标一点，各种管网信息数据就会全方位呈现。市区 8 米以上道路地下管线数据全部收入这一系统，共包括 8 大类 23 种管线，管线长度 10340 公里。地下管线信息系统是数字城市的重要组成部分，其建设关系到居民生产生活的各个方面。将自来水管道、污水管道、电力照明管道、燃气管道、通讯管道、数字电视管道等纳入同一个数据库，可实现不同部门间的信息共享，并通过管理软件等科技手段实现对地下管网的监控。

广东省惠州市建数字惠州地理空间大数据与云平台。由于历史原因导致政府各部门间测绘相关业务数据对接困难、甚至无法对接，测绘成果无法共享使用，重复测绘和资源浪费严重，给相关工作带来不少隐患。针对这一状况，惠州市重点推进统一测绘基准工作，形成了覆盖全市范围、全天候、高精度、多功能、动静态一体化的现代测绘基准。此外，惠州市完成了独立控制网向现代测绘基准的联测、平差和基准转换，实现了全市现有测绘成果向现代测绘基准（2000 国家大地坐标系）的数据转换，形成了保障和支撑经济社会发展的最新地理信息数据体系。通过现代测绘基准及服务体系建设，统一了全市坐标系统，为政府部门数据共享、多规融合奠定了基础。企业、群众办事再也不用为了数据转换两头跑，减轻了企业、群众负担，提高了政府办事效率。数字惠州地理空间框架建成使用以来，政府 30 多个部门以此为基础，建成了“平安惠州”“数字城管”“数字市政”等信息化应用系统 60 多个。

**大数据在城市管理中的运用**

在城市管理领域，政府可以收集和运用居民卡信息、治安信息、人口数据等大数据源，通过数据分析、数据监控、数据整合等大数据技术，从而实现全面监控、智能推送、防灾减灾等功能。具体见表 5－5。

**表 5－5　大数据在城市管理中运用的原理**

| 大数据源 | 数据处理 | 功能实现 |
|---|---|---|
| 居民卡信息、治安信息、公安数据、GIS 系统、网格信息平台、人口数据、房屋数据、城管信息、监控视频、高拍仪、扫描仪、读卡器信息等 | 数据共享<br>数据整合<br>数据分析<br>数据监控 | 智能推送<br>预警分析<br>全面监控<br>防灾减灾 |

我国政府运用大数据进行城市管理的典型例子如下：

浙江省宁波市镇海区引入物联网科技试点垃圾“云处理”。2017 年，该区通过政府购买服务，以华丰花园、孝思房两小区为试点，引入“物联网＋智能垃圾箱＋实物激励”厨余垃圾分类新模式。通过该技术，小区可依托传感计重装置，计算厨余垃圾中无机物的占比，并实时将这一数据传至云端，同时通过对居民刷卡扔垃圾的频率采集，为云端有效记录投掷时间、投掷频率等数据，对垃圾清运工作提供大数据支持，可有效促进生活垃圾分类事业向深度和广度发展。目前小区大部分的居民参与到厨余垃圾分类中，实现有效处理厨余垃圾和垃圾减量。下一步，该区还将依托“互联网＋”，推广“回购宝”App 软件，居民可通过“回购宝”查询积分，并线上发出可回收垃圾供货信息，由小区物业或废品收购单位线下上门收购，实现垃圾“减量化”。

浙江省台州市越城区蕺山街道岑草园一期小区，居民尝试刷卡投放垃圾。居民刷智能卡后，智能垃圾分袋机就会吐出两卷垃圾袋。垃圾袋分绿色和灰色两种，每卷30只，居民每天都可用两只垃圾袋分类盛放垃圾。在智能垃圾分类箱前，居民只要刷下卡，分类箱“餐余垃圾”和“其他垃圾”两个投放口就会自动打开，等垃圾分类投放后又自动关闭。每只垃圾袋上都有二维码，这使投放到垃圾箱里的垃圾都可溯源到每个住户。通过垃圾分拣员检查居民投放的垃圾是否合理分类，并据此决定是否给居民增加积分。积分将反馈至智能卡，达到一定分数后居民则可在智能设备上刷卡选择领取奖品。

湖北省武汉市建设了智慧城管系统。该系统建设主要运用大数据、物联网和北斗空间定位等新技术，在市级大数据、云平台和地理空间框架的基础上，建设以区为主、街为基础、全市统一的市、区、街三级智慧城管平台，涵盖了综合管理、智慧执法、智慧环卫、智慧市政、智慧市容5大板块31个子系统。如高效治理渣土车顽症的建筑弃土运输智能化管理子系统，运用“互联网＋北斗”的模式对全市4000多台运输车辆安装了包含定位、限载、识别等功能的智能终端，全市4000多辆建筑弃土运输车和所有施工出土工地已全天候、全方位纳入智能化监管。餐厨垃圾智能化管理子系统将全市餐厨废弃物回收桶与餐馆一一对应，实现了对餐厨废弃物的排放、收运、管理全过程的控管。燃气安全智能化远程报警系统，实现对全市瓶装液化气供应点的在线监测。

广东省佛山市禅城区数据统筹局以基础地图为依托，以图层形式叠加城市建设、城市管理、三防、安监、卫计、教育等数据资源，通过不同专题领域的业务以及部件数据的分析和展示，逐步实现“人、事、物”联网，提高各部门各类城市管理资源的共享和利用，有效支撑政府的精准决策。以管线一张图为例，它叠加了地图、水管分布图、电线电缆图、网线分布图等，所有的管线在一张图上显示。如要开挖道路，就会避开地下所有管线，避免误挖断其他管线，发生临时停水停电的情况。

安徽省淮南市开发数字城管系统，实现信息实时采集传输，实现快速受理、闭环办理。同时建立公安大数据平台和应用系统，统筹指挥、情报、网络、治安等关键数据，实现自动关联、智能推送、提高预警能力，有效维护社会安全。在社会服务方面，淮南市建成“一中心三平台”社会服务信息系统，整合49家市直单位406类近6亿条数据，在全省率先实现公安、人社、卫计等部门之间数据动态互换共享。

江苏省扬州市区地下管线GIS系统全部建成，该系统覆盖区域约372平方公里、管线长度10340公里，为扬州“不淹不涝”城市建设提供了“智脑”。在扬州市城市地下管网管理处数据中心，只要鼠标一点，各种管网信息数据就会全方位呈现。据市城乡建设局相关负责人介绍，市区8米以上道路地下管线数据全部收入这一系统，共包括8大类23种管线，管线长度10340公里。地下管线信息系统是数字城市的重要组成部分，其建设关系到居民生产生活的各个方面。将自来水管道、污水管道、电力照明管道、燃气管道、通讯管道、数字电视管道等纳入同一个数据库，可实现不同部门间的信息共享，并通过管理软件等科技手段实现对地下管网的监控。

广东省广州市白云区建立城市社区网格化信息平台，通过导入人口数据、楼栋数据、房屋数据、法人数据，完成了社区网格化服务管理信息系统建设，市电子政务中心城市海量数据中心管理部提供的自然人库、法人库数据，公安门牌数据和民政部门的相关数据，也都导入了该系统。街道信息系统也得到了进一步优化，不仅与政府12345热线合并，还与街道出租屋、城管、消防等信息系统整合。城市社区网格化信息平台导入约500万条人口数据、20多万条楼栋数据、150多万条房屋数据、11万多条法人数据。网格员每天随身携带移动终端到各自网格巡查，发现问题后上报相关部门处理，网格化服务管理工作效率大幅提升。

“大数据”为平湖市城市管理添动力。浙江省平湖市自从2011年开展数字化城市管理新模式以来，将市区划分为多个工作网格，并对单元网格内的城市部件进行精确定位、编码，由数字城管信息采集员实施全时段监控，第一时间发现、处置、解决问题。点击马路上的一个水井盖，马上就能出现该井盖的名称、编码、归属部门、位置描述等信息，一旦发现问题，就可以第一时间解决问题。2015年，数字城管在原来共享治安监控、城管监控的基础上，新增了城乡天眼、数字工地和天地图等资源共享，进一步拓宽了发现问题的渠道。目前，数字城管内容已涵盖公共设施、道路交通、市容环境等大类、小类部件管理以及市容环境、突发事件、街面秩序等大类、小类事件管理，并且出台了《平湖市数字城管立结案规范》，明确责任部门、处置时限、处置标准，建立起大城管处置机制。

浙江省宁波市北仑区城管运用大数据推进积水点改造。北仑区智慧城管中心运用“大数据”分析得出城市积水点“差位图”，实现积水点精准改造，为排除城区内涝隐患奠定了基础。北仑区智慧城管中心收集了城区三年多来积水数据，并对数据进行分析查找积水原因。数据分析结果显示，北仑积水差位路段形成的主要原因是：缺少排水口，道路轻微下陷，雨水井处于水平高位等。据此，城管部门对经常性堵塞的雨水管道、污水管道每个月疏通一次，对排水始终不畅的区域实施雨水管道改造，对下沉路段进行集中修复。

浙江省绍兴市嵊州城市管理“随手拍”。嵊州城市管理神器开发了“随手拍”手机 App。井盖缺失、暴露垃圾、道路积水……影响城市形象的问题时常会发生，市政工作人员未必能面面俱到、及时发现。市民在发现类似城市管理问题时，可以拿出手机快速拍下画面，通过“随手拍” App 上传到智慧城管系统。管理服务中心会根据举报内容，下派至相关专业部门进行处置。“随手拍”支持照片、语音、文字等方式上报，实现了城市问题从举报、受理到处置的全过程公开。

宁夏回族自治区银川市市政工程管理处在大连路泵站建设防汛防涝指挥平台，架设了 20 个视频实时对全市易积水的地方进行监控。同时，这个平台实现了对全市泵站的数据监控，哪里排水量有多大、工作是否正常等信息，都可以通过平台一目了然。可以根据智能化的数据对防汛能力有一个预判，这种大数据分析类似于天气预报，可以帮助我们更好地掌握紧急情况下全市管网的负载能力。

海南省海口市通过对主要自然灾害长期监测积累了海量数据资源，在这些数据的不断采集、存取和处理过程中，通过其常态缓变与异常突发，能及时、灵敏且准确地昭示风险前兆，改变灾害防御思维模式与工作模式，最大限度地减少损失并推动有限资源高效利用，避免灾情信息采集与流转不畅导致的二次损毁与重复浪费。结合不断积累丰富的海南特色的生态数据、旅游数据、农业数据等数据，从值班值守、监测会商、预报预警、信息发布、设备保障、通信网络、安全生产等方面加强部署和管理，确保防灾减灾工作有效开展，减少灾害损失。

而随着大数据时代的来临，“大数据 + 防汛”的新结合将对大量、动态、能持续的防汛数据，通过数据汇总、分析等环节实现大数据的高时效运算，将信息化与防汛工作深度融合，从而全面提高防汛工作的效率，更好地为防汛指挥决策服务。浙江省丽水市主要做法如下：一是台风数据全。防汛“五化”系统中的台风模块中已收录有1945年至2016年72年间的1822个台风的历史记录，包含台风的名称、生成时间、路径、强度、范围等各类信息，通过查询历史台风的数据库，根据筛选出来的相似台风的路径、强度、影响范围，对比台风现状，为领导接下来的防台决策提供依据。二是洪水数据齐。自2014年“8.20”洪水之后，该市立即开展了洪水风险图项目建设，范围为瓯江干流莲都区玉溪电站至青田县三溪口水库段，目前已投入试运行，再加上2016年莲都区《宣平溪（碧湖）中小河流洪水风险图绘制》项目的验收和2017年青田县洪水风险图（三溪口以下段）的绘制，从而形成瓯江干流洪水风险图一张图。洪水风险图系统中收集有瓯江干流基本情况、沿线各堤防高程、社会经济情况等广泛的资料，也有根据模型计算的不同量级的洪水风险图，以及2014年“8.20”洪水等实测洪水风险图等详细资料。在实际运用中，可以输入上下游实测水位，根据地势、堤防等高程，推测出瓯江干流各区域洪水风险等级、淹没区域、灾害损失等，为下一步的人员财产提前转移，领导指挥调度提供科学的决策依据。

杭州市运用大数据监管房屋租赁市场。大城市租房市场乱象丛生，利用租住房屋从事违法犯罪活动者有之，多人群租带来各种安全隐患的有之，而屡见报端的二房东、黑中介、奇葩租客乱象更是让人头痛不已。要解决这个问题，浙江省杭州有了新办法。2017年，杭州住保房管局与阿里巴巴集团、蚂蚁金服集团就合作搭建智慧住房租赁监管服务平台举行了签约仪式。这个平台将实现住房租赁市场中企业、人员、房源、评价、信用等信息的全共享。杭州的“智慧住房租赁监管服务平台”的支撑主要是阿里的技术力量和这些年来形成的信用体系。首先，阿里在淘宝商户管理上积累了大量的实人认证的经验，在这方面的能力很强，可以确保真实产权、真实存在、真实委托、真实价格、真实图片、真实信用、真实评价。同时，阿里也有一套自己的信用体系。近年来，芝麻信用在很多地方得到了认可，这套信用体系不但可以运用到租房市场中，而且还可以为租房市场各方建立新的租房信用体系。杭州的“智慧住房租赁监管服务平台”的核心价值就是两点：一是利用大数据监管个人的行为。信息时代每个人的每一个行为都是要留痕的，没有人能够在大数据面前遁形。二是大胆地把信用体系运用于社会治理中，奖励守信者，惩罚失信者。

广东省广州市番禺区利用手机实名制“大数据”精准采集来穗人员信息。该区联合3家手机通信运营商利用手机实名制“大数据”精准采集来穗人员信息。通过数据比对技术，及时向居住3天以上且未入户广州和未办理居住登记的来穗人员发送告知服务信息，提醒来穗人员申报居住登记，宣传来穗人员服务管理的相关政策法规知识。目前全区已发送告知服务信息5.6万条。通过运用手机实名制“大数据”，有效掌握来穗人员的动态信息，提升来穗人员主动申报居住信息的自觉性，有助于探索改善依靠传统人海战术进行来穗人员信息采集的困境，打造以“大数据”为核心、数据资源共享、信息互联互通的新型服务管理平台。

广东省佛山市禅城区建立社会综合治理云平台。云平台整合各部门数据资源、视频监控资源，实现一张图、一个库（数据库）指挥治理一座城；它整合区、镇街、村居、网格四层级力量和各部门的执法资源，从分块处理、各自为战向综合调度、协同处理、多级联动转变；云平台梳理多个部门多项事项，实现问题一个界面受理、快速响应交办、快速解决。目前，禅城区社会综合治理云平台已接入人口数据、法人数据、城市部件、城市事件等海量数据，统筹调用多个视频资源，线下将全区划分多个微网格进行无缝管理，有效打破职能部门之间的非密信息壁垒，推进人联网、物联网、事联网“三网合一”。

广东省深圳市福田区福保街道依托大数据促进基层多元治理。福保街道，以网格化管理、社会化服务为方向，构建“一库两网多系统”的平台。“一库”即公共信息资源库，由人口、法人、房屋等基础信息库、部门的业务信息库、矛盾纠纷、问题隐患、社会信用等事件主题信息库构成，涵括基层治理的数据需求；“两网”即社会管理工作网和社区家园网；“多系统”包括行政审批系统、行政执法系统、档案服务系统、微信工作系统等。在数据采集中，街道一边通过日常工作，由网格员使用移动PDA进行采集，窗口人员使用高拍仪、扫描仪、读卡器等信息终端，对街道历史和新办业务中各类群众提供的证照资料和部门产生的文书档案等进行电子扫描、分类归档。同时，街道还积极与省、市、区相关业务部门进行沟通协调，争取其开放业务系统数据接口或提供数据内容。已有省级部门、市级部门、区级部门与街道实现了数据共享。此外，街道还在辖区物业管理处、警务室、社康中心等设置信息管理节点，对各类治理信息进行自动跟踪和汇总，拓宽数据采集渠道。

浙江省湖州市建立“口岸公共卫生风险监测预警决策系统”。该系统以卫生检疫监管对象为主线，以公共卫生风险防控为核心，依托质检总局信息化专网，建立全球公共卫生本底、口岸检出公共卫生风险、出境交通工具航线和指挥决策信息四个数据库，以及业务监管、风险预警决策和公众服务三个平台，综合运用大数据和地理信息系统（GIS）技术，打造口岸公共卫生风险监测预警决策系统，实现对出入境人员、交通工具、集装箱等携带传染病、媒介生物、核生化有害因子等公共卫生风险的全面监测、风险预警、科学决策、快速反应。该系统全面收集口岸全口径检疫数据、全面预警口岸风险。全面收集口岸全口径检疫数据，从电子口岸检疫查验系统中全面收集卫生检疫数据，同时通过网络信息搜索引擎从互联网上抓取数据，统一导入到本系统的四大数据库群。该系统将统一数据交换平台，通过数据的交换和共享保证多渠道的信息采集、整理与推送，实现多部门、机构的横向与纵向的大数据分析，全面涵盖卫生检疫职能，包括检疫查验、疾病监测、核生化反恐、卫生监督、卫生处理等各个业务部门，实现口岸公共卫生信息资源共享、工作任务共享、突发事件统一调度。

## 四、大数据在市场监管中的运用

在市场监管领域，政府可以收集和运用质量监督管理局等部门收集的企业违法信息、市场经营信息等大数据源，通过数据分析、数据识别、数据共享等大数据技术，从而实现智能预警、规范考核机制、风险预判等功能。具体见表5－6。

**表 5－6 大数据在市场监管中运用的原理**

| 大数据源 | 数据处理 | 功能实现 |
| --- | --- | --- |
| 监管警示系统、质量监督管理局、地税局、国税局、企业违法信息、市场经营信息等 | 数据分析<br>数据识别<br>数据共享 | 智能预警<br>规范考核机制<br>全方位监管<br>风险预判 |

我国地方政府运用大数据进行市场监管的典型例子如下：

江西省南昌市研发“南昌市企业监管警示系统”，可以查询到企业所有经营相关的信息，包括企业登记信息、股权出质登记信息、动产抵押登记信息、荣誉品牌、抽查检查信息、违法记录等。系统已采集全市企业、个体工商户登记的基本信息以及企业年报信息，实时采集了南昌市市场监管局、市中级人民法院、市国税局、市地税局等 9 家试点单位对企业的许可、处罚等信息。此外，系统还设置了消费警示查询，导入了“12315”投诉数据，企业是否有被投诉记录、投诉内容、处理结果，消费者都可以随时查询到。这就相当于为企业建立了一个公开的“经济户口”，“一户一档”集中监督管理。系统设置了对外公示平台，将所采集到的各类企业信息向全社会进行公示，完善信息的公示机制，并根据这些信息将企业进行信用分类。今后，银行贷款、融资合作、政府采购、工程招投标等，将以此为依据设立相应的门槛，使信用的软约束变为硬杠杠，失信违法企业将“一处违法，处处受限”。该系统主要有两大平台，除了对公众开放的公示平台，各监管部门后台还有一套业务平台，通过共享业务平台，原先孤立存在的各监管部门，利用大数据联通起来，实现联动监管，解决“数据孤岛”问题。通过采集企业行政处罚和其他违法信息，系统自动生成信用分类，并采用国际通行的颜色区分预警类别的做法，分为正常、黄色警示、橙色警示、红色警示等四色标示。各监管部门分类监管，对正常类型企业，减少检查次数，适当增加黄色、橙色警示企业的检查次数，对红色警示企业的经营状态、经营行为，进行严格核实，提高监管的针对性和有效性。规范操作，信息留痕防监管缺位。在业务平台，监管部门通过系统平台，认领每天更新的市场主体信息，对需要进行后置审批的，进行跟进监管，并及时将许可信息反馈到系统平台。此外，系统设置了

“监管配置”“抽查检查管理”等后台，对各行政部门监管的时间、对象、手段和结果等进行客观的记录。所有监督检查都要录入到平台，做到监管留痕，防止监管缺位。

山西省阳泉市运用大数据加强和改进市场监管。健全事中事后监管机制，建立事中事后监管信息系统，整合现有分散于各部门的市场主体的各类数据信息，按户进行归集，实现市场主体数据在各监管部门之间的数据共享，便利各监管部门强化事中事后监管。实时采集并汇总分析政府部门和企事业单位的环境治理、安全生产、市场监管、检验检测、违法失信、企业生产经营、销售物流、投诉举报、消费维权等方面有关市场监管数据、法定检验监测数据、违法失信数据、投诉举报数据和企业依法依规应公开数据，提升政府科学决策和风险预判能力，有效促进各级政府社会治理能力提升。建立产品信息溯源制度。支持物联网技术在食品、药品、农产品、日用消费品、无公害农产品、绿色食品等重要产品和重点领域的监督管理，充分利用物联网、射频识别等信息技术，建立产品质量追溯体系，形成来源可查、去向可追、责任可究的信息链条，为部门监管和社会公众查询提供便捷服务。

安徽省安庆市运用大数据加强和改进市场监管，创新市场经营交易行为监管方式，健全事中事后监管机制。在企业监管、环境治理、食品药品安全、消费安全、安全生产、信用体系建设等领域，推动汇总整合并及时向社会公开有关市场监管、法定检验监测、违法失信、投诉举报和企业依法依规应公开的数据，构建大数据监管模型，进行关联分析，及时掌握市场主体经营行为、规律与特征，提高政府科学决策和风险预判能力。对企业的商业轨迹进行整理和分析，全面、客观地评估企业经营状况和信用等级。

黑龙江省牡丹江市建立网络商品交易监管平台。网络商品交易监管平台主要包括网络商品交易监管系统、网络商品交易监管服务网和数据查询中心。网络交易监管执法人员可以通过平台网监系统，进行网络经营主体审核、注销、修改、录入，完善网络经营主体数据库。成员单位执法人员可以进入系统进行各自业务在线检查，还可依托日常监管和专项执法功能进行日常在线检查、抽查电商企业经营行为，从而便捷有效地对网上违法商品和交易行为进行监测，快速确定违法违规的市场主体，有效解决工商部门在网络市场监管工作中发现难、定位难的问题。该平台对接了全国企业信用监管警示系统，可获取电商企业信用信息，实现电商企业信息和信用信息数据共享交换、互联互通，并通过大数据的整合，准确掌握电商经营行为，逐步形成违法电商黑名单库，便于及时向消费者进行预警提醒。

设在贵州省遵义市新蒲新区政务中心的“农民工工资监管平台”，使全区的建设项目、人员统计、打卡异常、欠薪统计等情况实现了地图可视化，一旦有项目欠薪一个月以上，平台便会自动预警，提醒政府部门干预。通过这套名为“智慧建设—劳务用工监管综合服务云平台”的系统，农民工签订劳动合同后，企业就会为其办理实名制 IC 卡和银行卡，务工人员每天刷卡和脸部识别设备打卡上下岗，由云平台动态记录身份信息、技能工种、劳动考勤、计酬标准、工作计量、工资结算等信息报送至签约银行。务工人员工资从工程款中提取，每月由银行代扣发放至工人的银行卡内。

广西来宾市建立了智慧食品安全大数据中心，涵盖全国采购商类型分布数据、农产品检测数据、农产品价格预警等多种数据，并且数据实时更新。大数据中心通过食品检验检测、食品安全认证管理、生产经营主体诚信管理、食品安全信息公开等方式，建立健全多维度的食品安全防控体系。管理部门可以通过大数据中心追溯农产品从种植、流通到上餐桌的整个过程以及输送对象，一旦发现不合格产品，就能立即溯源，从而把控老百姓舌尖上的安全。从管理层面来说通过数据共享交换平台可以对跨部门、跨领域数据进行分析处理，能够打破食药监、农业、卫计、工商、商务、粮食等部门监管数据难统一的技术“壁垒”，获取预警信息，为科学决策和提升食品安全治理能力提供有力支撑，最终实现“食品追溯、食品检测、安全预警”。来宾市目前建设的数据检测点，涵盖政府、学校、国企、医院食堂以及部分连锁餐饮企业。通过大数据中心的“互联网 + 物联网”数据系统，获取大量食品生产、流通、溯源、检测等基础数据，可以打通整个农产品从生产到用户的链条，进一步优化供需结构，提高农业生产、流通效率。

江苏省常州市食药监局建立大数据平台，实现电子化监管。微信扫码可查店家信息：“店内餐桌上均有这家店唯一的二维码，消费者通过微信扫码可以查阅该店资质、原材料、视频等相关信息。”在各店铺内以设置电子监管二维码的形式，将商家证照情况、量化分级等级、投诉监管、明厨亮灶等信息和市食药监局综合监管平台对接，把数据进行汇总后纳入互联网大数据平台，打通消费者、监管部门和商家之间的信息桥梁，最终建立放心餐饮安全平台，实现电子化监管，弥补基层监管力量的不足。

江苏省宿迁市在全市重点企业推广污染治理设施用电状态监管云平台，运用大数据分析、云计算、移动互联网、物联网技术，实现对污染源和环保设施用电的实时监控，提升环境监管的信息化、智能化水平。该系统对企业生产设备与环保治理设备用电数据、运行工况进行24小时不间断监测，通过关联分析、超限分析、停电分析，及时发现环保治理设备未开启、异常关闭及减速、空转、降频等情况，可实时监控限产和停产整治企业运行状态，防止企业违规生产，并及时通过短信、手机App、Web客户端等方式提供监管巡查告警，实现从“人防”到“技防”的全过程监控。

江苏省宿迁市沭阳县物价局强化医药价格监测大数据。对全县80余家医保定点药店和40余家医疗卫生单位的药品和医疗收费价格纳入监测范围，并将所监测的药品和医疗收费价格数据存入医药价格数据库，目前已收录约20万余条医药价格数据，且重点关注市场销量大、临床使用频次高的药品和医疗服务，通过价格数据库和价格处理系统将相同条形码的药品进行集中的分类和匹配，编制药品平均价格指数，将药品和医疗收费价格与平均价格进行比较，为医药价格监测分析提供了直观的价格趋势，对及时掌握全县医药价格变化情况，引导药品价格合理形成，防范医药价格异动，维护医药市场价格稳定具有重要意义。

浙江省嘉兴市嘉善县盘活用活大数据助推“最多跑一次”改革 。把市场监管系统掌握的大数据充分运用到工商登记中，最大可能地减少企业办理工商登记需要提交的登记材料，提升企业在工商登记“最多跑一次”的改革获得感。一是依托登记电子数据，免交执照复印材料。凡在嘉善已登记注册的企业在本地再投资办理工商登记时免于提交执照复印件，由市场监管部门通过市场主体准入系统提取该主体登记信息代替执照复印件。二是依托电子档案数据，免交主体资格证明。凡在嘉善已经投资办理过工商注册（不含个体工商户）的自然人、企业法人、事业单位或其他组织在嘉善再投资办理工商登记时，无须再提交相关主体资格证明，市场监管部门通过企业电子档案调取相关材料，经核实并由申请人确认信息无变动后直接作为主体资格证明材料。三是依托互联网电子数据，免交主体资格证明。凡在嘉善以外的企业法人来嘉善投资办理工商登记的，由市场监管部门通过《全国企业信用信息系统》查询并提取企业基本信息，并经申请人确认为实时状态信息后作为主体资格证明材料。四是依托互联网电子数据，免交企业变更证明。企业在市场监管部门办理股东或其他投资人信息变更时，直接从市场监管档案系统或者全国企业信用信息公示系统调取相关的变更证明，无须企业提交相关登记机关出具的变更证明。五是动产抵押登记，免交企业执照复印件。企业在市场监管部门办理企业动产抵押登记时，完成网络申报后，也无须再次提交本地银行或者本地企业的营业执照复印件，由市场监管部门直接从市场主体准入系统调取登记基本信息代替。

浙江省嘉兴市秀洲区借力乡村“大数据”实现小作坊“云监管”。在各村（社区）128 位信息员利用移动终端汇总的摸底数据基础上，融合市场监管部门在册数据和无证无照数据以及举报投诉数据、派出所浙江公安资源综合应用平台等数据，共享到政务云端，建立起涵盖生产地址、环境条件、设备设施、产品品种、销售渠道、业主房东等基本信息的小作坊档案，确保小作坊进“笼子”，入视野，实现辖区内食品生产加工小作坊建档率达到 100%。

浙江省宁波市借力“大数据”开启餐饮实时监管模式 。打开平板电脑或智能手机，比对、打钩、电子签名、保存，在微型蓝牙打印机印制文书的同时，信息也上传入库。移动互联网监管让宁波餐饮随时随地实时监管成为现实。执法人员使用移动互联网执法系统，使行政执法的随意性大大降低。只要一扫二维码，餐饮店店主就可以在手机上看到处罚的照片证据、文字记录等。通过前后对比，可明确今后监管的重点和方向，也可对食品安全风险做出分析预警。餐饮大数据将逐步向社会公开，置所有餐饮店于全社会的监管之下，促进餐饮行业的食品安全。到时，市民在订餐时，通过市场监管局网站、许可证、桌牌上的二维码等，就可实时查询到这家餐馆的后厨、消毒、人员健康体检、食材采购来源等相关信息，还可以看到每次执法抽检情况、消费者投诉记录等。

浙江省台州市椒江区运用“四大数据”分析推进智慧监管。对市场主体、检测数据、12315 申诉、年报等数据的提炼、整合和分析，优化对市场主体的服务和监管效能，提升市场监管“智慧”水平。一是市场主体发展指数分析。在注册登记主体数据资源库的基础上，运用大数据手段，对新成立、在册以及注销的市场主体的数据进行挖掘分析，分析各类市场主体的类型分布、产业分布、行业分布、地区分布情况，形成市场主体发展情况分析。同时，完善对市场主体的全方位服务，通过QQ、手机短信、网站等媒体平台向党委政府、企业发送市场主体、行业的动态发展情况，为政府决策和企业投资创业提供参考。二是12315申诉数据研判分析。收集区域消费投诉、12315系统受理情况，运用大数据手段进行挖掘分析，精准确定消费投诉集中的时段、行业、区域、商品种类或服务等，为基层监管人员提供精准的监管信息，形成违法线索的收集、分析与研判机制，有利于形成更有针对性的整治工作方案，做到精准整治。三是企业“经营异常”情况监测。在对企业信息进行公示、抽查等数据基础上，运用大数据进行关联分析，包括企业年报率分析、“经营异常”企业分析、新设企业年报率统计等，及时掌握市场主体经营行为、规律与特征，尤其掌握当前新设小微企业的存续情况，评估企业经营状况和信用等级，提高政府科学决策和风险预判能力，主动发现违法违规现象，变事后监管为事前防范，切实加强对市场主体的事中事后监管。

## 五、大数据在税收征管中的运用

### 大数据在共享涉税信息中的运用

在税收征管领域，政府可以收集和运用涉税信息、税局大数据、财政数据、商务数据等大数据源，通过数据共享、数据分析、数据加工等大数据技术，从而实现税源管理、风险防控、精准服务等功能。具体见表5－7。

**表5－7　大数据在税收征管中运用的原理**

| 大数据源 | 数据处理 | 功能实现 |
| --- | --- | --- |
| 涉税信息、税局大数据、财政数据、商务数据、民政数据、国土数据等 | 数据共享<br>数据采集<br>数据分析<br>数据加工 | 税源管理<br>风险防控<br>精准服务 |

我国地方政府运用大数据进行税收征管的典型例子如下：

原广东省惠州市国税局自主开发了涉税信息交换与共享平台，明确了工商、质监、房管、银行等35个职能部门需定期报送的涉税信息。2014年7月，该系统实现与工商局相关信息的实时共享交换。“大数据在市国税局的另外一个应用，即惠州国税电子税务局，”许志诚介绍，惠州国税电子税务局借助“互联网+”思维，广泛运用O2O及大数据分析技术自主开发而成。2013年10月，在惠城区成功试点上线运行，2014年4月开始在全市范围全面推广，目前用户已达1.38万户。

2017年，原广东省深圳市国税局建立大数据平台。该平台依托大数据、云计算、电子地图等技术，具备数据采集、加工处理、多维展示和智能分析等功能，为税源管理、风险防控、精准服务提供了有力的工具和抓手。税收大数据平台包括五大板块：一是数据湖，提供数据的智能采集和集中存储；二是数据工厂，负责数据的加工清洗和溯源管理；三是应用广场，实现数据应用各系统的单点登录集成；四是数据超市，呈现多样化数据图标指标和可定制的自助式数据分析服务；五是社区门户，打造数据需求互助和成果交流分享的社区平台。具有“全”“快”“稳”“准”“通”“活”六大特点。“全”：平台数据包含了该局所有税收征管数据、第三方涉税数据和外部互联网数据。“快”：采用经过微信支付等大数据应用充分实践的大数据产品，实现了亿级数据的秒速查询。“稳”：应用多台X86服务器构建云平台保障性能的稳定，采用腾讯安全技术，实现全方位审计、查询留痕、输出审批与记录。“准”：统一数据标准和查询口径，修订上万条数据、打造数据工厂实现数据治理从采集到应用的完整体系。“通”：实现系统全集成、单点登录，所有数据汇聚成数据湖，做到上下、内外、左右的信息互联。“活”：实现数据指标的灵活定制、数据分析智能易用，适应动态多变的风险应对需求，发挥基层业务创新的智慧。

江西省景德镇市建立大数据社会综合治税信息平台，将国土、房管、市场监管、发改、法院、公安、商务、民政、体育等42家成员单位纳入到平台中，涉及1377万条数据。这将打破以往信息不畅的壁垒，加强沟通协作，及时传递和共享重要的涉税信息，通过社会综合治税信息平台可以比对各方面提供的涉税信息，实时发现和掌控税源的“一举一动”。综合治税信息平台改变了以往信息传递靠手工填报和电子表格传递数据量大难纵横比对等问题，点击进入平台，工商登记、房产交易、土地拍卖、车辆购置、政府采购等多种信息分类收集，新开的企业、新中标的工程等一目了然，税务部门可以像使用雷达探测器一样，按照户籍、税种、土地面积、交易数量、成交金额等名目，便捷地通过计算机智能比对发现可疑信息，也可人工按需调阅查询数据，实现了对疑似的涉税风险准确识别和精确制导，及时将偷、逃、漏税款查补入库。

海南省海口市地税局目前正在与14个部门打通数据平台建设，汇集国税、财政、发改、国土、工商、质监等部门数据信息，并对海量涉税数据进行深度挖掘、重组、加工和疑点分析，形成政府部门的内部大数据库，建立综合治税平台，精准测算企业当期产量和产值等，实现对税收大数据的增值利用。

2014年，安徽省政府下发《关于建立涉税信息交换与共享机制的通知》，政府各部门和相关单位将履行税收协助职责和义务。按照《通知》要求，发改、教育、科技等35家政府单位将提供有价值的涉税信息，市场经济主体的各类经济活动都被纳入税收监控平台。例如，公安部门提供车辆登记变更、机动车驾驶证等信息以及外籍人员登记、房屋租赁、宾馆住宿人次等情况；卫生部门提供营利性和非营利性医疗机构的认定情况；涉税信息交换平台还将和公共信用信息共享服务平台互联互通，深入挖掘涉税信息的应用效益。《通知》还明确了各级税务或财政部门负责涉税信息归集、分析、交换和考评工作的义务。各类涉税信息不仅有明确的内容、交换时间和工作规则，也将有统一规范的口径、格式和标准。据了解，近年来，该省大部分市、县相继建立涉税信息共享机制，但还缺少从省级层面进行整合和推进。此次，安徽省政府专门下发文件，建立了统一、规范、实时的涉税信息共享平台。届时，省、市、县（市、区）三级部门间涉税信息将实现及时交换、深入应用。

安徽省宿州市地税局运用大数据思维精准落实税收优惠。首先，通过“互联网+”，捕捉优惠政策落实对象。密切关注报纸、电视、广播、网络等媒介有关企业宣传报道信息，积极利用《拂晓报》和《皖北晨刊》等多媒体数字报，宿州新闻网、拂晓新闻网、市人民政府网、各政府职能部门网站，实时捕捉棚户区改造、企业研发项目、财政补助（贴）、节能节水、安全生产设备改造等涉税信息。其次，加强部门协作，共享优惠政策落实资源。主动作为，不断加强与地方党政部门沟通并赢得支持，打通第三方涉税信息采集渠道，先后从科技、经信、民政、金融、残联等部门采集了312户高新技术企业、企业技术中心、资源综合利用企业、小额贷款公司、已（拟）上市（挂牌）企业、社会福利企业、残疾人就业安置企业等企业。再次，匹配享受对象，推送优惠政策落实入户。每一项税收优惠政策出台后，业务部门都及时对现行有效的税收政策措施和制度规定进行梳理，形成优惠政策落实指引。在此基础上，对从有关部门获得或通过征管软件查询的信息，筛选、建立符合优惠条件的纳税人名册，并跟随企业变动情况进行动态调整，将政策内容和优惠对象有机进行匹配，实施“点对点”推送，引导和帮助符合条件的纳税人积极申报享受税收优惠。

**大数据在税收风险监控中的运用**

在税收风险监控领域，政府可以收集和运用涉税信息、政府信息共享平台数据、税源数据等大数据源，通过数据分析、数据共享、数据研判等大数据技术，从而实现风险监控、风险管理、风险识别等功能。具体见表5-8。

**表5-8　大数据在税收风险监控中运用的原理**

| 大数据源 | 数据处理 | 功能实现 |
| --- | --- | --- |
| 涉税信息、政府信息共享平台、税源数据、信用数据、基础数据等 | 数据分析<br>数据共享<br>数据研判<br>数据识别 | 风险监控<br>风险管理<br>风险识别<br>降低征收成本 |

我国地方政府运用大数据进行税收风险监控的典型例子如下：

原江苏省泰州市地税局通过大数据开展税收风险监控。主要做法是：一是依托现有电子政务专网，与财政、国税、工商、国土、住建、公安等40多个部门建立了“互联互通互享互信”的政府信息共享平台和综合治税信息平台，定期上传数据，多部门实时共享、实时沟通，为税收风险管理提供有效数据源。二是拓展信息采集渠道，搭建互联网涉税数据监控平台。以业务需求为导向，开发应用互联网涉税信息数据采集分析平台，实时监控互联网涉税信息，对股权交易、上市企业重组信息等进行采集，有效保障了数据的获取时效。三是深化大数据分析应用，提升税收征收管理质效。基于大数据，结合新技术，定期对采集整理后的基础数据、税源数据和信用数据进行分析利用，将涉税信息和风险监管有机结合，开展综合查询和比较分析，不断强化税源监控。

苏州工业园区地税局开发的“数据资源管理服务平台”上线运行。该平台将园区地税多个操作系统的数据库进行整合优化，提高了数据资源的利用效率，方便该局工作人员对存量数据进行综合分析和运用，特别是研判企业较长时间内的纳税遵从和涉税风险情况。该平台的建成实现了“三个统一”，即统一平台整合数据资源、统一平台提供数据资讯、统一平台完成数据管理服务，这将大幅提升园区局的数据管理服务水平。

原陕西省地税局将大数据技术与风险管理理念有机结合，全面梳理数据采集需求，建立了全省统一规范的数据目录和标准，通过纳税人依法报送、税务机关依职权采集、第三方信息交换和互联网抓取等多种渠道，对各行业、各税种、各企业的税源基础信息全面采集和整合。通过数据管税，税务机关能准确掌握税源信息，为科学制定税收计划和组织收入提供了依据，更重要的是打破了各级税务机关的信息壁垒，实现信息共享，降低执法风险。

原西藏自治区国税局建立了适合西藏税收特色的基础信息类及重点行业类共计 21 个风险模型，包含 27 个风险指标及 69 个指标元，覆盖了增值税、所得税等重点税种及医药、商贸、金融等重点行业。运用风险模型定期扫描全区纳税人基础数据，识别风险纳税人，同时抽取纳税人明细数据进行人工分析核实，做实风险点，达到实时扫描提取风险并下发的目的；结合税务总局开放的税收大数据平台，运用纳税人关系分析、企业画像、增值税专票票流查询等功能，识别跨省纳税人虚开虚抵、股权转让等风险。

**大数据在提升税收征管质量中的运用**

在提升税收征管质量领域，政府可以收集和运用国税局数据、第三方涉税信息、地税数据等大数据源，通过数据整合、数据分析、数据共享等大数据技术，从而实现风险分析、风险提示、科学税负等功能。具体见表 5－9。

**表5-9　大数据在提升税收征管质量中运用的原理**

| 大数据源 | 数据处理 | 功能实现 |
| --- | --- | --- |
| 国税局数据、第三方涉税信息、地税数据、工商数据、治税平台、房管数据等 | 数据整合<br>数据分析<br>数据共享<br>数据查询 | 风险分析<br>风险提示<br>科学税负<br>风险预警 |

我国地方政府运用大数据提升税收征管质量的典型例子如下：

原广东省肇庆市国税局强化数据集成整合，深化数据分析利用。对内，运用大数据比对纳税申报，对不同风险等级分别采取风险提示、约谈评估、税务稽查等差别化应对。对外，通过肇庆市政府数据统一开放平台与21家政府单位实现跨部门、跨不同行政层级的各部门政务信息数据资源的集中管理、有序共享和综合利用，平台开放10个领域，开放85个数据集，将纳税人方、税务内部、第三方及其他渠道获取的数据进行“集中统一”，为组织收入、优化服务、风险管理、政策实施和领导决策等提供强有力的数据参考和依据，2017年上半年共从28个部门采集了27.6万条涉税信息。

原江西省宜春市国税局运用大数据思维搭建综合治税平台。该平台基于零客户端方式开发、浏览器运行，集数据报送、数据查询、税收分析于一体，实现了税务、工商、银行、社保、电力、交通运输等25个部门的涉税信息定期交换与共享。同时，宜春国税自主研发了信息管税系统，该系统包括综合数据分析应用、重点风险预警系统、特色行业专业化管理等模块。这两个系统无缝链接，既较好地解决了内部数据采集的及时性、准确性问题，又大幅提高了第三方涉税信息的运用效率。依托综合治税平台和信息管税系统，宜春国税建立了包括经济指标、财务指标、分产业、分行业、分税种、分县域税收以及用电量、运输量等在内的数据仓库，实现对数据的有效采集、存储和运用。在建立大数据仓库的基础上，宜春国税着重加强税收分析，成立数据分析专业化团队，专门负责对全局总体概况、收入状况、征管状况、行业税负、增减成因等开展总体分析监控。建立数据分析例会制度、讲评制度、发布制度，及时开展纳税人信息数据分析，撰写数据分析报告，制作数据分析模型，提高数据分析贡献率。

原江西省鹰潭地税局强化数据管理打造“大数据平台”，来自地税、国税、房管等27个部门的1600万余条信息可即时抽取，再经多维深度分析、推送，“哪里可能征管不到位，哪里可能存在风险，下一步工作，一目了然”——这就是鹰潭市地税局强化数据质量管理及应用而重点打造的大数据平台。大数据平台采用了总局金税三期J2EE体系、Oracle数据库等技术标准，通过数据接口方式抽取税务、第三方信息数据，确保了数据安全性，给总局金税三期上线及征管系统升级改造预留了空间。平台主体由数据仓库（数据采集、质量管理）、应用系统（分析应用、业务处理）、推送系统三部分组成，实现了“数据多头进、任务一头出”——海量的、多渠道的数据集中和统一的、单线的任务推送，通过系统通知、手机短信同时推送至工作人员，做到“工作找人”。该平台的搭建，实现了财政、税务、住建、文化、体育、卫生、教育、民政等27个部门涉税信息共享，打破了部门间的数据壁垒，自动抽取税收征管业务系统、网报系统、财务报表软件、“两业”系统等信息，实现了部门内数据同步。二者共同构成了大数据平台最基础、最重要的数据仓库，基本实现了所有涉税数据大共享、全覆盖。

## 六、大数据在社会信用体系建设中的运用

在社会信用体系建设领域，政府可以收集和运用信用信息、履职信息、商业活动信息等大数据源，通过数据分析、数据排查、数据对比等大数据技术，从而实现风险把控、建立信用等级、信用卡合理发放等功能。具体见表5-10。

**表5-10　大数据在社会信用体系建设中运用的原理**

| 大数据源 | 数据处理 | 功能实现 |
| --- | --- | --- |
| 信用信息、履职信息、商业活动信息、计生信息、居住信息、金融机构信息等大数据信息 | 数据分析<br>数据排查<br>数据对比 | 风险把控<br>建立信用等级<br>信用卡合理发放 |

我国地方政府运用大数据进行社会信用体系建设的典型例子如下：

重庆市运用大数据建立企业信用“联征系统”对企业违法违纪违规信息进行管理。该系统涵盖了全市所用的企业、个体工商户、中介机构等非公有制经济组织，汇集企业信用信息 2759 万条，涉及 42 万户企业。该系统将企业身份、税务登记、资质等级等企业基础信息、企业获奖优良信息，以及企业不良信息，如企业违法违规、欠薪欠税、银行不良贷款以及接受各类行政处罚的情况一并纳入大数据库。

江西省新余市用大数据探索社会信用体系建设。新余市运用大数据为政府、企业、个人、事业单位、社会组织等五大主体勾勒出一幅立体的信用“画像”，精准识别各个主体的信用等级。将个人的年龄、性别等基本信息和工作职责情况、违法情况、家庭美德情况等综合起来，就可以勾勒出个人的画像，信用评价体系的建立是创新社会治理的重要手段。公职人员成为最先“吃螃蟹”的人群，他们的履职信用信息、社会生活信用信息都被纳入信息采集范围。通过收集与分析不同社会主体的基本信用信息、履职信息、商业活动信息等数据，再对其进行信用评级，便可为有关单位进行守信激励和失信惩戒提供依据。

广东省佛山市禅城区使用大数据建立市民信用等级。自然人库是禅城区数据统筹局四大基础数据库之一，它主要来源于“一门式”改革以来积累的海量数据。目前，已有 3837 万余条相关数据入库。禅城区数据统筹局以此为基础，整合全区计生、流管、人社等部门相关自然人数据，通过数据透视综合展现自然人在计生、居住、信用（老赖信息）和办事情况等信息。综合信息为市民“画像”，并为其信用“打分”。

浙江省嘉兴市利用大数据技术建立个人信用评价体系。该市采用大数据挖掘分析工具，对政府部门及公用事业单位掌握的个人信用信息资源进行分析建模，对每位市民的个人信用情况进行动态评价。2015 年，该市依托市公共事务信息平台信息资源共享优势，在原有平台基础上建设了全市个人公共信用信息基础数据库，汇集了来自市委组织部、团市委、公安、社保、法院、民政、教育、人社、环保、计生、质监、交通、卫生、公积金、水务、燃气、电力等 64 个部门单位的个人动态信用数据，涵盖市域 450 万常住人口，62 类指标项，5000 多万条数据记录。在市委组织部、市文明办和市信用办等领导机构牵头组织下，市社保事务局（市公共事务信息中心）联合浙江财经大学信用管理系专家及彼艾信息科技有限公司共同组建课题组，采用大数据挖掘分析工具对个人信用信息进行分析建模，并针对来自各个条线的信用数据建立规则库，以“模型”+“规则库”加权评分模式对每位市民的个人信用进行量化评分，信用评价结果由千分制信用评价分数、“红绿灯”信用色彩标志以及失信减分记录和诚信加分记录构成。市民凭本人市民卡及服务密码即可通过“嘉兴市公民个人信用评价系统”网站、“嘉兴市民之家”手机服务终端、公共事务自助服务一体机等渠道获取个人信用记录和评分。个人信用评价体系建成后，受到社会各界关注，许多部门和单位已经主动将其用于单位管理和业务办理。市民政局将个人信用信息用于低保资质核查。国电嘉兴公司除了定期提供长时间连续欠费及重大违约窃电客户信息外，已在企业内部人事管理上率先使用个人信用报告。中国光大银行嘉兴分行、嘉兴银行等金融单位在其商业信用融资和贷款业务中采用公民个人信用评价报告作为重要依据，依据市民个人信用情况给予相应的授信额度。

# 第六章　大数据在政府内部管理中的运用

大数据技术受到地方政府的广泛重视，被应用于廉政、审计、干部管理、审批和政府数据共享等政府内部管理领域中，提升了管理的有效性和工作效率。如纪委监察部门在日常工作中积累了很多关于领导干部的信息，为建立基于大数据的监督机制提供数据支撑。政府部门及公务员的财产、公共收支都会形成各种形式的数据，利用大数据技术，可监控、评估、预测廉情发展变化，并进一步建立廉政大数据平台，统合各种廉政信息资源，建立廉情评价预警分析系统，为防腐反腐提供依据。①

## 一、大数据在廉政建设中的运用

政府采购和政府投资数据，与公职人员的收入、财产、消费等数据的整合、比对和分析，可以有效进行廉洁情况的预警和分析，从而促进政府的廉政建设。具体原理见表6－1。

① 刘筱勤．大数据与廉政制度创新［J］．中国行政管理，2015（12）：113－117.

**表 6－1　大数据在廉政建设中运用的原理**

| 大数据源 | 数据处理 | 功能实现 |
| --- | --- | --- |
| 公共工程投资数据、政府采购数据、行政投诉数据、四风平台数据、工程招投标数据、三公经费数据、干部职工出勤数据、上网行为数据、办证大厅评价数据、信访数据、网络舆情数据、商场消费数据、电子取证数据、社会公共信息、举报线索信息等数据 | 数据关联<br>数据比对<br>数据共享<br>数据整合 | 廉情状况“画图描像”<br>廉政形势研判<br>筛选排查“四风”问题<br>识别廉政风险 |

大数据在地方政府廉政建设中运用的典型案例如下：

广东省佛山市建设了党风廉政大数据平台（下称“大数据平台”）。目前，大数据平台已接入与党风廉政建设相关的 11 个业务系统，进行数据采集分析，实现了对全市 15 家单位 35 类信息数据的共享查询。大数据平台可通过数据有效整合，实时对政府部门的工程投资、政府采购等 11 类廉政信息进行精确分析，对区域、单位和个人的廉情状况“画图描像”。同时，该平台还将利用数据分析，自动对各区域、单位和个人进行“体检”，准确分析各单位和领域存在的倾向性、苗头性问题，实现抓早抓小目标。在大数据平台首页，市直与五区的廉情信息清晰呈现，内容涵盖婚丧喜庆、行政投诉、四风平台、投资工程、工程招投标、政府采购、行政权力、三公经费、三重一大、国有企业和土地交易等 11 类廉政信息。借用党风廉政建设大数据平台将市公安局、市发改局等 15 家单位的数据有效整合，实时对政府部门的 11 类廉政信息进行精确分析，并生成“廉情评估报告”，为纪检监察部门分析研判廉情形势提供参考。除了展示各区域、单位廉情图谱，大数据平台还将区域、单位和个人作为评估分析对象，将接入的 11 类廉政信息作为评价各对象廉情状况的“基因”，以特定的计分规则为工具，利用数据分析技术对每个基因进行精准“体检”。目前，大数据平台共可查询佛山市公安局、发改局、社保局、住建局等 15 家单位提供的佛山本地个人户籍、车辆、工商、社保等 35 类信息。

广州市纪委将财税、公安、审计、法制、巡察、信访、公车管理等部门职能的大数据进行共享，建立信息交流机制，实现“四风”问题线索的数据集成。通过数据分析，筛选排查出公款吃喝、公款旅游、公车私用、乱发补贴津贴、违规出国（境）以及其他各类“四风”问题线索，列出清单，建立台账，分类处理。广州市党廉办牵头建立“云治理”协作机制，协作单位根据各自职能或广州市党廉办委托，定期将各类“四风”问题线索汇总报送广州市党廉办，由广州市党廉办依托党风廉政建设责任制监督评估系统建立全市“四风”问题“云治理”数据库。其中，广州市公安局定时分析有关领导干部因私出国（境）情况；广州市财政局将“四风”问题纳入财政监督检查范围，通过专项资金检查和财政支出数据比对及时发现“四风”问题及违反财经纪律问题，定期报送广州市党廉办；广州市国税局、广州市地税局定期对税务大数据信息进行分析，筛选公款吃喝、公款旅游等疑似“四风”问题的线索抄送广州市党廉办；广州市小汽车定编办负责定期对公车管理系统数据进行分析，将涉嫌公车私用或违规使用公车问题线索抄报广州市党廉办等。

广东省肇庆市端州区运用“大数据”等智能手段实现廉政信息共享和腐败预警。该系统首期建设领导干部、政府采购、工程建设三个子系统。领导干部子系统将采集领导干部基本数据、异常数据、汇总数据、投诉举报、指标预警等有效信息，实现对领导干部预防腐败的辅助分析决策。政府采购子系统将通过预警评估体系，实现政府采购项目的风险监测和风险防范，并对各类廉政事项、单位和人员信息进行关联分析。工程建设子系统将采集政府投资工程项目在审批、概/预/决算、招投标、施工、验收等环节的数据，根据预先设置的廉情预警和评估指标，及时发现和处理工程建设领域存在的腐败问题。该系统将成为端州区集合权力运行智能监督、廉政风险预警与管理、廉政风险评估与反馈、查询统计与决策分析等功能于一身的“预防腐败数据中心”，实现研判领导干部动向、规范招投标行为、发现贪腐问题线索等功能，逐步形成信息共享和腐败预警机制，建立健全惩治和预防腐败体系，推进预防腐败科学化、智能化。

福建省某区检察院采集到辖区某商场近几年来的500万条消费发票数据，交由职务犯罪风险防控系统进行分析。通过大数据分析，检察官们发现了部分单位存在采购量巨大、年底两节期间采购密集、采购项目化整为零等异常消费记录。针对风险预警信息，该区检察院向相关单位发出约谈，并把无法说明情况的交由反贪部门进行进一步侦查。该区检察院同公安、工商、税务等部门建立联合协作机制，多渠道采集互联网信息、电子取证数据、社会公共信息、举报线索信息等数据，从而建成了全省首个集“数据采集、趋势研判、预警处置、整改反馈、责任追究”五大功能为一体的职务犯罪风险防控系统。系统可以对海量的情报信息进行自动梳理和智能分析，形成岗位或部门风险趋势研判，一旦出现异常数据，系统将自动评定职务犯罪风险等级并发出预警，以便技术人员进行分流处理。

福建省三明市依托网站、微博、微信、手机客户端等新媒介创建违反中央八项规定精神、三公经费、公务用车、“四风”查处情况等“四风”数据分析管理平台，通过大数据分析，实时呈现各专题“四风”问题变化趋势、分布情况及廉政风险预警等动态图，做到靶向精准，对症下药。在此基础上，三明市建立大数据信息协作机制，发挥财税、公安、审计、巡察、信访、公车管理等部门职能作用，通过数据分析大起底，抓取上传、远程在线查询、自动分析比对、实时监管预警，筛选排查公款吃喝、公款旅游、公车私用、乱发补贴津贴以及其他各类“四风”问题线索，列出清单，建立台账，分类处置。

安徽省安庆市通过运用大数据统计公车通行记录、商场发票记录等，严查搞变通、规避检查等问题。对监督检查中发现的问题，该市按照干部管理权限和分级负责的原则，移交市纪委相关业务室、相关县（市、区）和市直纪检监察派出机构及时核查处理，对于典型问题点名道姓公开曝光。

广西壮族自治区南宁市良庆区纪委创新“大数据＋监督”的监督执纪方法，运用信息化技术、移动互联网打造集干部职工出勤数据、上网行为数据、办证大厅评价数据、信访数据、网络舆情数据、“四种形态”、大数据预测分析等监督数据于一体的大数据监督平台。按照“屏上展示、线下响应；部门联合、数据增强”的布局，在线上，利用大数据监督平台进行数据预测研判；线下，精准运用“四种形态”切实提高监督执法精准度。大数据平台是南宁市各级各部门加强监督、改进作风的新平台，运用大数据手段，高位推动、持续深化、形成常态，把严明纪律体现在日常管理监督中。

## 二、大数据在审计工作中的运用

在审计领域，审计部门可以收集和运用建档立卡名册、车辆登记信息、房屋登记信息等大数据源，通过数据筛选比对、数据关联分析等大数据技术，从而实现审查违规违法行为、数据高效分析等功能。具体见表6-2。

**表6-2　大数据在审计工作中运用的原理**

| 大数据源 | 数据处理 | 功能实现 |
| --- | --- | --- |
| 车辆登记信息，房屋登记信息，扶贫资金打卡到户明细，财政供养人员明细，公积金征缴记录，就业管理人员信息，个税缴费记录、公务支出公款消费、本级财政存量资金、土地招拍挂、耕地占用、企业用地面积等数据信息 | 数据挖掘、数据筛选比对、数据关联分析、综合比对分析、数据多维度分析、建立大数据审计模型 | 审查违规违法行为<br>提取案件线索<br>提高审计效率<br>助力惩治“微腐败” |

我国地方审计部门运用大数据开展工作的典型例子如下：

江西省新余市审计局开展大数据审计，对全市保障性安居工程、市本级预算执行和其他财政收支、扶贫资金三个项目进行审计时，采集了财政、税务、房管、交警、民政等10个部门100多万条电子数据，通过“大数据、云计算”方式将这些电子数据进行筛选比对、分析审核、发现疑点、锁定事实，查出骗取享受保障性安居房待遇、小微企业未能享受免税政策等行为，并向纪检监察部门移交案件线索，审计成效明显。

安徽省六安市审计局通过与财政、社保等部门对接，提出采集财政指标管理、国库集中支付等财政电子数据和医疗保险等社保数据的格式要求，部署Oracle和Sql Server采集环境，配备大容量传输介质，执行物理隔离举措，做到数据专人管理，专人报送，确保数据质量和安全，为数据挖掘开展技术审计分析，提供坚实的数据基础。2016年，审计局采集建立了财政收入、税收管理、城乡居民医保等专业数据库。强调对数据的关联分析，开展业务数据与财务数据，单位数据与行业数据以及跨行业、跨领域数据的综合比对分析，实现审计从单点审计向多点审计过渡，从离散审计向连续性过渡，从局部审计向整体审计过渡。

江苏省盐城市阜宁县审计局运用大数据分析手段，通过对建档立卡名册、车辆登记信息、房屋登记信息、扶贫资金打卡到户明细、财政供养人员明细等数据进行多视角分析和关联比对，深入挖掘、快速锁定6大类疑点问题，提升了审计延伸的精准性和针对性。

江苏省徐州市借助“大数据”开展城镇职工基本养老保险基金审计。一是借助社保审计平台进行数据综合分析。审计局按照审计署计算机审计方法体系基本规划的要求，结合业务特点，建立了社保资金数字化审计平台。该项审计运用审计平台中的审计方法，对采集的业务数据及财务数据进行综合分析，生成疑点分析数据，采取数据比对、内控测试、业务跟踪等方式，对审计疑点进行分析、筛查和落实，提高了审计效率，取得了预期的审计效果。二是使用外围数据寻找相关的线索和突破口。审计组取得公积金征缴记录、就业管理人员信息、个税缴费记录等外围数据，积极挖掘和构建内、外部数据间潜在的关联，查出了企业职工以灵活就业人员参加城镇职工养老保险等问题，为城镇职工基本养老保险金的扩面续保工作的完善提供新的思路及途径。

江苏省阜宁市推进大数据税收审计。在 2017 年的“同级审”地税项目中，阜宁县审计局获取地税部门的登记、发票、稽查、评估、票证、申报、征收等七大模块业务数据和各类第三方涉税信息 24. 3 万条记录，深入挖掘多行业数据、非结构化和半结构化数据，强化多维分析，查出少入库税收。搜集出租人、产权人、承租人、出租房屋现状基础资料 18031 条，查出少入库耕地占用税、土地使用税的情况。通过对国税缴纳增值税情况与地税缴纳的附加信息对比发现了“国有地无”、“数据不一致”的纳税户，发现少缴纳地方税款的情况。

浙江省衢州市衢江区审计局整合科室资源，探索“大数据”审计模式，运用“大数据”进行对比分析查处疑点。依托财政联网审计平台，建立三公经费、绩效审计、预算执行、专项资金等多个大数据审计模型，对全区 8 个部门延伸进行预算执行情况审计。同时，利用工商、组织部等部门提供的外围数据，对家庭农场、农民专业合作社中相同法人代表的农场或专业合作进行筛选，查看财政资金拨付、支出动态流向，准确分析财政资金使用的真实性、合法性和效益性。

江苏省徐州市沛县审计局借助“大数据”比对技术积极开展惠民政策落实情况监督检查，及时惩治群众反映强烈的城乡低保、农村五保、医疗救助、危房改造、农业补贴等领域的“微腐败”。通过到住房公积金管理部门采集供电、银行等单位缴纳的住房公积金基数，根据缴纳公积金的基数重新测算应该缴纳的职工医保基金数额，然后再与其实际缴纳的医保基金数额进行比较，发现两个年度共少申报缴纳城镇职工医保基金1000万元。通过将以往相对孤立的低保、粮补等8种惠农政策数据，以及人口、户籍、车辆等15种基础数据信息，进行收集整理，导入到大数据软件平台，再进行信息整合、比对和分析。运用交警大队事故组数据查处多支付医保基金的问题，该局将城镇职工参保信息与县交警队事故组接警记录业务数据进行比对分析，发现1人因交通事故住院治疗，住院费用则由肇事者承担，医保经办机构违反政策规定多支付基金0.4万元。

## 三、大数据在打破政府数据孤岛中的运用

在打破政府数据孤岛领域，政府部门收集和运用计生、人社、公安、卫生、工商等各部门提供的大数据源，通过建立大数据平台、大数据分析计算模型等大数据技术，从而实现部门间信息交换、信息实时共享等功能。具体见表6－3。

**表6－3　大数据在促进政府数据开放与共享中的原理**

| 大数据源 | 数据处理 | 功能实现 |
|---|---|---|
| 国民经济、社会发展、科技教育、环境资源和人民生活等数据源 | 建设大数据平台、建立大数据分析计算模型、数据整合、搭建大数据应用场景、云计算 | 构建时空大数据<br>数据共享<br>数据互换<br>数据更新 |

地方政府运用大数据打破政府数据孤岛的典型例子如下：

广东省河源市经信局和市地税局协同共建的河源市政务信息资源共享平台，致力于解决跨部门、跨层级的信息共享和交换等问题，为全市政务“一网通办”提供数据支撑。目前，平台注册政务资源目录487类，连通57个市直单位，采集政务数据750多万条；采集的政务信息数据部分已交换到市地税局、“信用河源”网、省共享平台。正式运行后，平台平均每天交换数据量约1万条，总交换

数据量200多万条。通过目录与交换体系这一重大基础设施的集中建设，改变了以往面向应用“点对点”的数据交换方式，实现了部门间信息交换“一点接入、普遍联通”，避免了数据交换设施的重复建设，减少了部门端业务系统的资源消耗；建立了政务信息资源归集、管理和发布平台，为扩大信息资源共享范围和使用形式，最大限度地挖掘数据资源使用价值创造了支撑条件；通过规范政务信息的采集、组织、管理、共享和使用程序，有助于解决政务信息资源“多头采集、重复采集、数据不能及时同步更新、部门间的数据不一致”等问题。

北京市财政局建设了北京市财政综合数据中心，构建了科学系统分析的综合财源管理模式。[①] 为了融合分散在各部门的财政收入数据、企业信息、财经政策、统计标准等数据，北京市财政局于2013年10月正式启动建设了北京市财政综合数据中心，在市领导的大力支持和国税、地税、工商、人行、统计、经信委等部门的积极配合下，截至2015年10月，数据中心已形成企业库、收入库、政策库、标准库四大数据库，入库160多万户企业信息、6000余万条收入信息、88项财税政策和23项数据标准，实现了跨市级部门、跨区县两个层次的信息共享，并在此基础上实现了收入运行监控、收入预测预警、宏观决策支持、投入效益分析四大主要功能。在收入运行监控方面，通过查询当天、当月、本年的收入总量、增幅等信息，可以实时掌握全市财政收入全貌。在收入监测预警方面，借助数据中心实时采集当天收入数据的时效优势，能够实现对财政收入的实时监控，这对保障全市财政收入平稳运行发挥了重要作用。北京市财政局还通过对数据中心大数据的深入挖掘，对宏观经济运行、税收政策调整、人口资源环境及产业与财政收入关系、财政收入与经济社会发展关系等深层次规律进行挖掘，实现宏观决策支持。此外，利用数据中心的企业级收入数据，可以对各项产业发展专项资金的投入效益进行“精确跟踪”，准确评价政策资金效果，提高资金投入效益，这充分发挥了财政数据资源对首都经济财政工作的基础性、支撑性作用。

新疆乌鲁木齐自治区建设智慧时空大数据与云平台。该平台将基于数字乌鲁木齐地理空间框架建设成果，结合新型智慧城市建设的实际需求，持续更新、丰富数据，建立覆盖城市中长期规划建设发展的、多样化的基础地理信息数据资源

① 贺斌、陈岚，北京财政大数据撑起综合财源管理，中国财经报/2015年/10月/10日/第002版。

体系，共享人口、法人、宏观经济等数据并实现空间化，构建时空大数据；打造乌鲁木齐市统一、按需服务的时空信息云平台，实现地理信息数据管理、交换、运行、维护等服务系统。

江苏省张家港市整合公安、经信委、城管、房产管理等部门信息功能，依托人社、水电气、网吧、就医、房屋中介、物流等社会数据，建立大数据分析计算模型，同时开发流动人口大数据应用平台，根据职能部门需求，对汇聚整合起来的数据进行分析、加工和处理，并实时推送给相关职能部门，实现数据增值、信息增效和服务实战，充分发挥流动人口数据的深度作用。

浙江省丽水市“数据丽水”信息化服务平台是丽水首个对社会公众开放的统计综合数据库，该平台登载数据的指标体系涵盖了国民经济、社会发展、科技教育、环境资源和人民生活等五个大类，收录了国家、全省及11个省辖市、丽水及10个县市区三个行政级别的宏观数据，部分统计数据可以追溯到1978年。数据共享资源和图表共享方式让政府部门、企事业单位、社会组织和个人可以根据自身数据需求，免费地共享信息化服务内容。

广东省江门市蓬江区推动工商、国税、地税跨部门数据共用和联网审批改革，研发了“蓬江区‘三证合一’信息平台”（以下简称“信息平台”），实现了市场监管、国税、地税三部门之间的市场主体信息实时共享、数据互换、档案互认。通过“信息平台”，区市场监管局的市场主体登记信息实时对接区国税、区地税的金税三期系统，前台工商登记审批与后台税务登记审批，同步流转、联网进行，数据实时写入各独立业务系统，最终由市场监管局核发“一证三号”个体户营业执照或“一照一码”企业营业执照。目前，“信息平台”已整合了全区不同行业、不同类型市场主体的工商、税务准入数据，包括登记注册信息、经营状况、税收缴纳情况等，解决了实施“一照一码”商事登记后税务部门数据断链的问题。

宁夏石嘴山市2014年完成人口信息资源库、法人单位信息资源库、空间地理信息资源库、宏观经济信息资源库和文化信息资源库等五大数据库建设。其后，又建设了智慧城市信息支撑环境系统；扩充与完善基础信息资源共享与服务平台，建设专题应用类数据库；进一步延伸应用系统，包括“以房管人”系统、工业运行监测分析系统、领导决策支持系统等，实现全市信息共享。

江西省新余市建成全市大数据平台，建设全市共享的人口、法人、空间地理基础数据库，打破部门、行业隔阂，最大限度地实现了社会信息资源的共享利用。该市出台了《新余市政务信息资源共享管理办法》，形成资源共享机制，节约建设资金，防止形成“信息孤岛”和重复低效建设。

福建省确定了省市二级架构、省市县乡村“五级穿透”使用的网格化信息平台设计思路，实现了社会动态数据自下而上，部门专业数据汇聚共享的大数据应用格局。目前，福建省已经针对 11 个部门的核心数据进行了整合，社保、医保，包括卫计委数据基本上整合完毕。如平潭市网格化信息平台累计汇聚数据 1772 万条。厦门市集美区的网格化服务管理信息平台，能够与市级计生、人社、公安、卫生、工商等部门实现信息共享，同时与区级已建成的系统共享协同，突破了以往网格管理涉及的各职能部门之间信息难以共享的瓶颈，也在一定程度上避免了各级分别采集数据的“重复劳动”。对于新入户或新暂住人员，公安、人劳、计生、教育、社保税务等部门便可以通过网格对其实时跟进服务，不论其需要办理暂住证，还是需要就业技能培训或计生咨询，都可以在网格化管理平台上联动显示。

2016 年，福建省三明市政务数据汇聚平台试运行，平台共汇聚 53 个部门的数据，累计数据 2.3 亿条，涉及 600 多张数据表，可供部门共享数据 2856 万条。依据“一数一源”的原则，初步形成了人口、法人、空间地理、宏观经济和建筑物 5 大公共综合数据库和 8 个专题数据库。在公共信用信息方面，为公共信用平台提供了 1329 个数据项，20 多万条的法人信息；在人社系统、卫计委系统中，通过平台清洗校验能力，发现 10 多万条数据不一致的问题。未来，三明市政务数据汇聚平台将作为该市各类应用的基础技术平台，形成以数据为驱动的信息系统建设新模式，为助力行业应用系统的快速构建，加快三明智慧城市建设的总体进程、大数据产业的发展奠定基础。

安徽亳州市信息局建设了云计算数据中心，汇集超过 50 个单位 762 类政务数据，数据总量突破 17 亿条。这为该市的网上办事大厅、“我家亳州 App”提供数据支持，为“金融易贷项目”提供数据保障，为“信用亳州”平台建设提供资源动力。

安徽省亳州市大力推行“互联网 + 政务服务”，用“数据跑路”代替“群众跑腿”，同时，对民政、计生、工商、税务等多个部门的数据资料进行整合，组建“大数据库”。目前，亳州市网上办事大厅“大数据库”已经整合了全市 48 家单位的 10.5 亿条数据资源，有效打破了部门间的“信息孤岛”，实现了政务信息共享。网上办事大厅实现了部门间数据共享，不仅方便群众办事，也促进了公开、透明。

广东省佛山市南海区建立数据统筹局统筹全区政务数据，致力于打破全区各部门系统的壁垒，实现数据互通、共享、开发和利用。对全区 68 个部门机构，以及供水、供电、供气三大运营商的数据进行整理，新增的数据也全部汇流到统一的服务器。截至 2017 年 2 月，南海区政务数据资源目录平台已注册数据表的部门共 69 家，法人、人口、地图基础数据库数据表总量为 1493 张，其中，无条件共享数据表 424 张，条件共享数据表 868 张，用作政府分析数据的不共享数据表 201 张，共享程度达 86.5%。这促进了各部门信息的交流沟通，改善了部门之间信息不对称现象。

广东省清远市清新区通过构建政务云平台，并依托“两建”信息平台，建立跨部门、跨区域、共享互通的信息共享平台，初步搭建“大数据中心”，力推政务大数据应用。清新政务大数据应用包括 5 大方面，即社情民意数据分析应用、商事经济数据分析应用、农村集体“三资”专项数据、城市管理专题数据分析、公共服务数据分析等。信息共享平台促进政务管理服务从各自为政、相互封闭的运作方式向跨部门、跨区域的协同工作和资源共享转变。

陕西省咸阳市建设基础资源共享工程。搭建统一的政务云平台，开通数据交换共享系统，构建统一的政府数据中心，汇聚来自各行业的政务、经济、人口、空间以及其他门类的专业数据，通过“交换加沉淀”促进共享。采用统一标准，使数据按照一定业务规则成为可复用的信息资源服务。开通视频监控数据共享系统，整合治安、交警、应急、城管、水利等领域 1.17 万个视频监控摄像头分权限共享使用。开通地理信息数据共享系统，建设 1:500 分辨率的矢量图、影像图、2.5 维图和部门区域三维图的 GIS 空间地理信息共享系统，为各部门提供精准的 GIS 支持。

重庆市建设的三大数据平台中，综合市情系统是全市社会公共信息资源整合与应用“3+1+X”体系中的“1”平台，包含数据标准、共享数据资源库、软件系统、共建共享机制等主要建设内容。该系统在市发改委重点项目管理、两江新区市场监管等工作中开展了试点应用，对提升政府宏观决策、社会治理、公共安全等信息化、智慧化水平效果明显。城乡规划综合数据库主要利用城乡规划全覆盖和“多规合一”的契机，整合叠加各类规划数据，构建了一个涵盖规划研究、规划编制、规划实施管理，多部门共享的规划管理信息平台，奠定“智慧规划”基础。交通决策支持系统则集成了市级相关部门、企业交通人流数据、市民出行调查数据以及分布流动情况等，能够全面掌握交通供给、需求及运行情况，以此来分析交通规划实施、交通运行存在的问题，并提出决策建议，奠定“智慧交通”基础。

陕西省咸阳市成立了大数据管理局，明确了对数据的日常管理、运行维护、共享交换、存储备份、综合开发和安全监管等职能，变九龙治水为统一管理，理顺了大数据管理机制。建成了大数据交换共享平台，采取了大集中式的数据建设模式，建设了全市统一的数据共享交换平台，各部门直接通过平台进行数据交换，避免了重复建设，着力打破各部门之间的信息孤岛。制定执行了信息共享办法，统一了数据标准和规范，采用统一标准对外提供数据，使数据按照一定业务规则成为可复用的信息资源，实现数据的开放和可开发利用。依托大数据交换共享平台，建立了基础数据的集中采集、多方利用工作机制，实现了跨部门、跨层级的业务协同。目前，已经整合 31 个部门和企事业单位 127 项业务数据，结构性数据总容量达到 362TB，大数据在服务支撑行政管理，提高行政审批效率和政务服务效率方面成效初步显现。“一格通”平台整合各个基层管理服务应用，实现部门数据共享业务协同，形成按权限分级交换的社会治理大数据。“一号通”合并各个部门对外服务电话为一个平台，统一服务，形成服务信息时代弱势群体的公共服务大数据系统。“一站通”平台整合各个县区、各个部门对外审批事项，实现一号一窗一站受理，形成证照数据、审批数据、监管数据为一体的网上政府大数据。“一网通”整合部门、县区、企业软硬件运维平台，消除孤岛，形成统一交换、统一安全、统一出口支撑数据产业发展的产业孵化大数据。基于“六个一”平台，通过数据叠加、融合开发业务应用系统，汇聚来自各行业的空间、政务、经济、人口以及其他门类的专业数据，搭建了丰富的大数据应用场景。

2017年，云南省被列为国际贸易“单一窗口”标准版第三批试点省份。“单一窗口”平台运用大数据、云计算等技术，打通了各个部门的行政壁垒，实现数据共享。申报人通过“单一窗口”平台一点接入、一次性提交满足口岸管理和国际贸易相关部门要求的标准化单证和电子信息，各部门通过“单一窗口”平台共享数据信息和实施职能管理，处理状态（结果）统一通过“单一窗口”反馈给申报人。国际贸易“单一窗口”指参与国际贸易和运输的各方通过单一平台提交标准化信息和单证，是世界各国促进贸易便利化、提高国家竞争力的通行做法。

河南省开封市建设智慧城市公共信息融合服务平台，全面推进数据共享开放。为打破此前政府各部门纵向管理、数据缺少互联互通的现状，开封市政府采用云计算、物联网、大数据等新型信息化技术手段，统筹整合开封市各类异构数据资源，构建统一的数据资源体系和数据中心，对外提供多层次、可扩展、安全可靠的共享服务接口，实现开封市不同部门异构系统间的资源共享和业务协同，精准化避免城市多头投资、重复建设、资源浪费等问题。

## 四、大数据在干部管理中的运用

广西梧州市注重全景式收录干部信息，建设干部信息管理大数据库。2014年，建立干部观察员制度，全面观察记录干部处理日常工作、开展创新工作、承担急难险重任务时的表现。目前，干部观察员已为该市900多名处级干部制作了2700多份干部观察记录。市委组织部建立信息传递与共享机制，将各科室掌握的分散化、碎片化的干部信息及时传输到干部科室，通过干部信息管理大数据库进行整合，提升其系统性。同时，建立组织、纪检监察、审计、综治维稳等部门信息共享机制，由上述单位定期将其所掌握的干部信息上传至干部信息管理大数据库。

浙江省宁波市的公务员管理考核进入“大数据时代”——依托公务员“岗位对责、绩效对账”考核信息平台，全市4.2万名公务员每人有了专属“电子日记本”，干部考核评价，让数据来说话。2013 年 9 月，该市出台公务员“岗位对责、绩效对账”考核办法，随后与其相配套的信息平台应运而生。“日考勤”查出工，“周记录”看出力，“月对账”重质量，“季考评”论实绩——信息平台为每位公务员设置了岗位职责说明、日工作考核、周工作记录、月工作对账、年度民主测评等子项目，干多干少，一目了然；孰优孰劣，不言自明。不仅要做到工作流程“全留痕”，还要做到考核对象“全覆盖”。2015 年 9 月起，“双对”考核对象扩展到县局级干部，1300 余名县局级干部全部纳入“双对”考核体系。

## 五、大数据在行政审批制度改革中的运用

黑龙江省哈尔滨市政府构筑行政审批“云模式”。2015 年，哈尔滨市智能化行政审批系统投入试运行。这套新系统让能压缩的尽量压缩——5 个部门的 17 套表格被压缩成一张；把能减掉的全部减掉——政府部门颁发的证照不必重复出具。哈尔滨依托大数据技术推出行政审批受理“一表制”，让企业设立的速度从 11 天减少到“立等可取”。

江苏省泰州市住建局打造的“大数据 O2O 审图云平台”是利用计算机网络和加密技术，实现建设单位无纸化网上报审，设计单位图纸 CA 认证签章在线传图、审图机构建筑 CAD 矢量图在线审查、多个部门多图联审，审查意见痕迹保留等功能，建设单位、设计单位、审图机构线下准备线上审查，数据共享，构建成一种“网上办、联合审、不见面”的审图新模式。通过这种模式进行线上线下的互动，线上可以直接在线释疑解惑，线下可以做相关资料的准备。

# 第七章　大数据在促进经济发展中的运用

"大数据"作为一个时代标志进入了我们的社会舞台，并迅速形成一股浪潮，广泛而深刻地影响着我们的生活、工作和思维方式。"纵观世界文明发展史，人类先后经历了农业革命、工业革命、信息革命。每一次产业技术革命，都给人类生产生活带来巨大而深刻的影响。"① 就像铁器带来了农耕文明，蒸汽机开启了工业革命，大数据作为信息革命最主要的资源工具之一，是比传统的石油、矿产等重要自然资源更加重要的新型经济资源，将给我们经济发展带来深刻变革和无限机遇。舍恩伯格指出："大数据具有一种新型能力，即对海量数据以一种前所未有的方式，进行分析，从而获得巨大价值的产品和服务或深刻的洞见。"②"大数据"之"大"，并不仅仅在于"容量大"，更大的意义在于通过对海量数据的交换、整合和分析，发现新的知识，创造新的价值，带来"大知识""大科技""大利润"和"大发展"。③ 因此，我国地方政府重视借助发展大数据来推动经济发展，具体的手段包括建设数据产业园区（中心、工厂），推动企业大数据运用和成立大数据企业，以政府数据开放孵化培育数据创业，以及推动大数据在农业、服务业、加工业等行业的运用等。

---

① 习近平在第二届世界互联网大会上的讲话，2015 年 12 月 16 日。http：//news. xinhuanet. com/politics/2015 - 12/16/c_ 1117481089. htm，2016 年 1 月 10 日。

② ［英］维克托·迈尔·舍恩伯格，肯尼思·库克耶．大数据时代：生活、工作与思维的大变革［M］．盛杨燕，周涛译．杭州：浙江人民出版社，2012：149.

③ 涂子沛．大数据［M］．桂林：广西师范大学出版社，2012：54 - 58.

## 一、建设大数据产业园区

建设大数据发展产业园区是地方政府普遍采用的大数据+经济发展手段。地方政府通过土地等优惠手段，吸引华为、浪潮、中兴等大数据领军企业，建立数据中心，推动大数据产业发展。

**表7-1　各地典型的大数据产业园（中心）一览表　　　　单位：亿元**

| 序 | 地方 | 名称 | 主要合作方 |
| --- | --- | --- | --- |
| 1 | 江门市 | 云计算大数据创客中心 | 浪潮集团 |
| 2 | 中卫市 | 云数据中心 | 中关村 |
| 3 | 淮南市 | 大数据产业平台 | 阿里巴巴等 |
| 4 | 苏州市 | 苏州大数据应用孵化基地 | 微软（中国）有限公司 |
| 5 | 龙岩市 | 云数据中心 | 华为技术有限公司 |
| 6 | 江门市 | 珠西数谷 | 浪潮集团、中国新电信 |
| 7 | 韶关市 | “华南数谷” | 华为技术有限公司等 |
| 8 | 淮南市 | 安徽大数据交易中心 | 中关村数海数据资产评估中心 |
| 9 | 扬州市 | 华云大数据基地 | 华为技术有限公司、中国移动扬州分公司 |
| 10 | 徐州市 | 淮海大数据产业园 | 华为技术有限公司 |
| 11 | 云浮市 | 云浮云计算大数据产业园 | 华为技术有限公司 |
| 12 | 武汉市 | 武汉超算（数据）中心 | 中金数据系统有限公司、华为技术有限公司 |
| 13 | 马鞍山市 | 马鞍山软件园 | 东华软件股份公司、马鞍山市农商行 |
| 14 | 常州市 | 百度大数据产业园 | 百度公司 |
| 15 | 贵州省贵安新区 | 贵安大数据小镇 | 上海贝格计算机数据服务有限公司 |

2015年，广东省江门市政府与浪潮集团合作共建云计算大数据创客中心以及数据工厂。大数据创客中心是浪潮集团打造以“数据工厂+数据产品+数据电商”为核心大数据产业形态理念的典型实践。中心正式启用运行后，依托浪潮云海卓数平台和海量的数据资源，为广大中小微企业及创业者提供大数据资源和工

具平台，逐步形成针对政府组织数据、互联网数据的采集、加工、存储、交易、创新应用、人才培养等完整的大数据产业链条，构筑覆盖全社会的大数据生态圈，助力江门大众创业、万众创新发展。数据工厂是浪潮与江门共建的兼顾企业经济效益和社会效益的大数据产业经济实体，负责建设江门政务云计算中心、推进政府数据开放与创新应用、参与江门智慧城市建设等，努力将江门打造成为广东省云计算、大数据服务和产业集聚示范区。江门市与浪潮建立长期战略合作伙伴关系，积极发展大数据产业，建设大数据产业基地，并围绕以大数据为核心的高新技术优势，逐步深化在大数据、云服务及云计算设备制造等全产业链领域的广泛合作。

广东省江门市的蓬江区与浪潮集团展开战略合作，包括：双方共同打造江门市教育云平台（试点），依托浪潮打造的“数据工厂”，结合教育装备产业的发展规划，促进教育装备产业与各相关领域、相关行业数据打通串联，为教育装备产业的发展提供数据支撑，在大数据的基础上实现产业、行业的“智慧”管理；双方共同打造教育装备产业大数据平台，推广平台应用，为南方教育装备产业城内的入驻企业提供数据服务；双方共同开发教育装备质量标准化系统平台，推广教育装备质量标准系统的上线，推动教育装备标准统一化。

2015 年，辽宁省沈阳市浑南区政府联合各产业园、孵化器、投资公司和创业服务机构，组织沈阳大数据与智慧城市领域的众多创业团队，组建了大数据和智慧城市创业联盟。联盟的成立将搭建大数据供给和需求平台，进一步促动各类要素向创新创业领域集聚，不断激发创业投资热情，推动“互联网 +”、大数据、云计算、电子商务等高新技术和新兴产业加速发展，营造大数据产业与智慧城市建设相辅相成、联动推进的新格局。

2017 年，总投资 100 亿元的环渤海（营口）大数据产业园项目在辽宁省营口市沿海产业基地开工奠基。该产业园规划面积 38 万平方米，包含大数据中心、会展中心及相关配套设施，分 3 个阶段建设：第一阶段建设超过 1 万个标准机架、占地超 6 万平方米的东北地区最大的大数据中心；第二阶段重点发展产业应用，为环渤海、东北地区乃至全国提供大数据存储和运营服务；第三阶段大力发展大数据相关产业，通过大数据相关投资合作，促进经济结构转型升级。园区将承接营口大数据及智慧城市建设任务，并以此为起点，在吸引国内外知名企业入驻的同时，打造以大数据、云计算为核心业务的创业孵化平台。

2016 年，中原大数据产业联盟在河南省郑州市成立。联盟成立后将建设一个大数据产业园区、一个大数据公共应用服务平台、多个大数据研究院、一个大数据共享交换运营中心，推动郑州市大数据产业健康快速发展。

宁夏回族自治区中卫市建设云数据中心，建成后可容纳高密机柜 8000 余个，服务器 16 万余台，可同时为数十万家企业，数千万个人用户提供互联网服务。宁夏中关村科技产业园西部云基地是北京、宁夏两地政府着力产业结构转型升级，依托北京中关村品牌、科技、人才、项目优势和宁夏电力、土地、资源等优势，以“前店后厂”创新模式共同建设的云计算产业基地。中卫已建成国内率先采用全自然风冷技术的亚马逊 AWS、奇虎 360 两个超大型新一代绿色云计算数据中心，中国移动、中国联通、阿里巴巴、京东、美团等一批云制造、云服务、云应用项目也相继落户中卫，云计算产业呈现快速聚集发展的态势。目前 360、京东等 140 余家公司云端项目已经落户中卫，中卫发展云计算的顶层设计“一区三基地”一气呵成，中卫将传统的“输煤”“输电”转变为“输信息”的国家大数据中心示范区。目前，中卫市抢抓国家实施“信息丝路”计划和军民融合发展机遇，着力打造“一区三基地”，即一体化国家大数据中心示范区、军民融合产业基地、国家战略数据安全灾备基地、宁夏中关村科技园西部云基地。

2016 年，贵州省获批建设我国首个大数据综合试验区。国家发展改革委、工信部和中央网信办复函贵州省，同意贵州省建设国家大数据（贵州）综合试验区，以促进区域性大数据基础设施的整合和数据资源的汇聚应用，发挥示范带动作用。其中，要求贵州省通过 3 至 5 年的探索，有效打破数据资源壁垒、强化基础设施统筹，打造一批大数据先进产品，培育一批大数据骨干企业，建设一批大数据众创空间，培养一批大数据产业人才。同时，国家要求贵州省开展数据资源共享开放试验、数据中心整合利用试验、大数据创新应用试验、大数据产业聚集试验和大数据国际合作试验等，形成试验区的辐射带动和示范引领效应。

山东省泰安打造面向全国的“大数据 + 农业”名片。2015 年，高新区政府、山东农业大学、复旦大学、山东众志电子有限公司 4 方联手，确定“泰山神农智谷大数据产业园区”项目落户高新区。泰山神农智谷产业园区采取政、产、学、研、用的混有制合作模式，创造、整合、挖掘、分析数据，运用数据进行创新服务，以建立数据科学研究基地，联合开展数据科学研究、成果转化及人才培养。“泰山神农智谷大数据产业园区”包括运营中心、数据中心、商务园区等功能区，其中还有大数据交易平台、云计算平台、成果转化交易平台、创新企业智能化管理平台、创新服务平台和人才引育平台六大平台。按照园区的建设思路，神农智谷将用大数据作为种植业、养殖业和智能制造等产业的支撑，打造“大数据+”产业，并赋予全新的商业模式，引导产业的转型发展，使研究成果变成数据并产生价值。该项目也正积极准备申请国家首个农业大数据产业项目，打造一个面向全国的“大数据+”名片。

广东省肇庆市建立大数据云服务产业园，将谋划以省市共建模式，结合云计算、物联网、大数据等“互联网+”理念，以大数据云计算龙头企业、科研院所为重点，以信息服务和信息技术产业为主导，建设集发展数据中心、电子信息、软件和信息服务、先进装备制造、高端电子产品制造等业态于一体的产业园区，打造辐射珠三角、大西南的大数据产业发展平台。

2015 年 5 月，陕西省工业云中心成立揭牌。作为全国首个采用“众筹”“众创”理念建设的工业云平台，以“平台+数据+服务”为商业模式，陕西省工业云中心将打造成制造能力的供需平台、传统企业的能力重构平台、创新企业的定制平台。项目围绕“两化融合”和“大数据产业”这两条主线，以产业信息化发展需求为导向，以工业大数据建设为核心，建立功能齐全、服务高效、支撑力强的商业化工业云平台。工业云不仅实现产业信息共享与协同，增强产业共同创新能力，降低产业信息化成本和风险，同时搭建起工业发展需求与云服务提供商之间的桥梁，发现企业需求、满足需求，催生新的商业模式。同时，基于陕西省工业云，将实现工业、社会大数据的聚集、发布及应用，推进陕西大数据交易，面向全国提供数据交易服务，促进数据流通，建立大数据产业生态体系，实现大数据产业大发展。

2014 年，安徽省淮南市以江淮云和智慧谷两大基地为依托创建了大数据产业平台，主要发展大数据、云计算、移动互联网、卫星应用、软硬件开发等新兴产业。截至 2016 年，这一平台注册入驻企业 190 家，包括阿里巴巴、科大讯飞、中国铁塔等行业领军企业，形成了安徽视频云运营基地、卫星应用产业园、阿里巴巴淮南运营中心、呼叫云运营中心等产业基地。

2017 年，江苏省无锡市太湖新城核心区建设无锡浪潮大数据产业园，承载“感知中国”大数据交易中心、大数据研究院、众创空间 + 孵化器等主要业务板块，重点引进和培育优质大数据主业项目。“感知中国”大数据交易中心将汇聚全国的数据资源，带动以大数据采集、加工、分析、应用为核心的产业链条落地无锡，促进大数据流通与交易。作为技术支撑平台，大数据研究院将重点开展大数据领域前沿技术研究，研发大数据相关技术及应用，搭建数据开放服务平台，提升大数据技术的基础研究能力。众创空间 + 孵化器将打造国内领先的以物联网、大数据、互联网为主要方向的创新创业孵化基地，为入驻企业提供办公场地、营销推广、资源对接、风险投资等引导培育服务，构建无锡“大数据 +”产业生态链。

大数据已成为江苏省苏州市吴江区重点打造的战略性新兴产业之一。2017 年 8 月 18 日，微软云暨移动技术孵化计划——苏州大数据应用孵化基地在吴江科创园启动。该项目不仅会成为吴江区集聚创新资源，深耕大数据产业，建设智慧城市高地的重要平台，更将为打造南苏州创新创业和科技新城注入新的动力。苏州大数据应用孵化基地是“微软云暨移动技术孵化计划”的金牌成员，由微软（中国）有限公司提供技术支持。吴江区与微软在云暨移动技术孵化、高新技术展示与实时交互、智慧城市建设等多个领域达成协议，共同打造以智能硬件、智能制造、工业 4.0、移动互联网、云计算、大数据等高科技领域为孵化方向的创新型众创空间。基地将充分发挥苏州强大的制造业基础优势和创新创业的环境优势，整合微软在云计算、智能制造和物联网等领域的全球资源和研发成果，以产业创新为导向，把微软的品牌、技术、成果、项目与吴江的产业、企业、人才更好地结合起来，以云计算、大数据等基于“互联网 +”的产品和服务为重点，为创新型企业提供支撑。

2016 年，福建省龙岩市人民政府和华为公司携手共建云数据中心，共同打造龙岩市云计算产业。依托华为强大的研发和综合技术能力，打造区域大数据中心，构建云计算产业集群，促进龙岩新技术、新产业、新业态、新模式的发展壮大，助力龙岩云计算大数据产业快速发展。双方将依托该平台打造高端智能制造中心、现代服务业支撑中心、大数据产业聚集中心、省内信息消费中心，加快推动龙岩传统产业转型提升和新兴产业发展壮大。

2016 年，广东省江门市政府与浪潮集团、中国新电信打造省级大数据产业园区——珠西数谷。珠西数谷的合作项目包括滨江大数据产业基地、小微企业云服务平台、国资信息化建设、滨江智慧园区以及台山云资源中心。其中，滨江新城大数据产业基地将打造一个以大数据为核心、创新创业为主题的高端产业园区。台山云资源中心以华南大数据产业先行区的云资源中心为定位，打造一个以大数据为核心、云资源和云计算中心为主题的大规模产业集群。江门政务云则以建设“珠西数谷”为目标，推动云服务、大数据业务在政府、企业、社会各个领域的应用，并与小微企业云服务平台、国资信息化建设、滨江智慧园区、江门邑网通四大项目形成战略合作。

2016 年，辽宁省沈阳市浑南区加快大数据产业园建设，产业园内已聚集以盛华 CA－SIM 为代表的数据采集，华傲、中兴为代表的数据处理，索菱车联网、北斗应用技术平台为代表的数据应用等大数据企业 120 余家，初步形成了大数产业链条。

软件谷垠坤·南京大数据产业基地位于软件谷核心区域，是南京首家以大数据发展与应用为主题的产业园区，主要集聚包括大数据采集与处理、大数据分析与应用、大数据技术研发以及大数据深度关联性行业等四大产业，计划吸纳企业 150 家，目前已引进瑞中数据、亚信科技、诚迈科技等大数据创新应用型企业。南京大数据产业联盟首批联盟会员单位已达 51 家，汇集了中兴、华为、苏宁云商、京东商城等行业龙头企业。联盟成立后，将通过研讨交流、数据共享、联合开发、产业标准制定与推行、联合人才培养等工作，在大数据关键技术研发协作、数据资源公开应用合作、大数据挖掘协同等方面形成巨大的推动力。

广东粤数大数据有限公司与湛江市基础设施建设投资集团有限公司及广东海谷科创投资股份有限公司，共同成立广东湛数大数据有限公司。公司以湛江的区位优势为切入点，通过搭建海洋运输大数据平台、海产品大数据平台、海洋大数据交易中心、海洋科技成果转化平台等数据应用平台，促进湛江实现海洋经济的技术创新、产品创新、管理创新和模式创新，推动传统海洋经济转型升级和智慧海洋产业链形成，助力湛江打造中国“智慧海洋”城市。2017 年，湛江将建设海洋科技大数据中心，提升资源的利用率和数据价值。设立海洋科技成果转化交易中心，打造“应用研发＋技术转移＋创业孵化＋创业投资”的科技服务链条。

还将利用总额20亿元的南方海谷股权投资基金，放大科技对产业的促进效应。

2017年，广东省韶关市政府与华为、中证签订《智慧城市建设和大数据产业合作框架协议》，初步建成广东联通的粤北数据中心——“华南数谷”。“华南数谷”的发展目标是预计2025年产业规模达到100亿元，并发展成为国家级大数据产业基地。

2016年，安徽省淮南市获批全省大数据战略性新兴产业集聚发展基地。2016年4月，淮南市与中关村数海数据资产评估中心合作建设、总投资1.2亿元的安徽大数据交易中心正式上线。主要提供数据的确权登记、评估、交易等服务，推动数据资源化、资源资产化、数据证券化、资产可交易。2016年5月，中移动（安徽）数据中心落户淮南并开始运营。中心全部建成后，将具备2万个机架的托管能力，超过2万G的互联网宽带出口，将孵化200家互联网企业，吸引超过2000家互联网企业入驻，届时形成立足安徽、辐射华东、影响全国的数据服务格局。

2016年，华为技术有限公司在华东地区的首家大数据中心落户扬州。扬州华云大数据基地由扬州经济技术开发区、华为技术有限公司与中国移动扬州分公司三方合作共建，主要从事云计算、大数据业务，是华为技术有限公司在华东地区的首家大数据中心。扬州华云大数据基地项目将通过云计算、大数据的开发和应用，探索服务民生、电子政务、企业转型的新模式，加快吸引大型互联网公司将数据资产落户扬州，促进本地信息服务业的发展。

2017年，江苏省徐州市人民政府与华为技术有限公司共建淮海大数据产业园，向徐州市及淮海经济区提供数据存储、灾备、计算、分析等信息化服务。项目充分利用关闭矿井后的闲置土地、富余的电热、便捷的交通等优势资源，致力于打造一个布局合理、功能齐全、交通便捷、具有文化底蕴的大数据产业园基地。

2017年，广东省中山市火炬大数据产业园区，以火炬开发区、国家健康基地为依托，承接盛景尚峰科技产业园的科技产业服务平台，重点结合国家健康科技产业基地“政”务资源，联动中关村、清华等高校“产学研”资源，通过构建“政用产学研”创新合作系统工程，促进科技、教育与经济有机结合。并将通过医疗大数据的应用为市民提供更便捷的医疗服务和提供新的经济增长极，同时通过大数据在城市管理中的应用，为“健康城市”的创建提供支持。

2016 年，广东省云浮市政府与华为技术有限公司、省科技厅在广州签订战略合作备忘录，共同推进云计算大数据产业发展。根据此次签订的战略合作备忘录，三方将通过战略合作，把云浮云计算大数据产业园打造成广东省云计算大数据产业示范园区、电商区域性总部基地、大数据处理产业基地、信息服务及外包产业基地、数字媒资产业基地、“智能制造”支撑中心、政务云试点、教育云试点、金融云平台。华为公司率先入驻，中国网库、神州数码、亿赞普、华唐中科等知名信息化企业相继落户。

2017 年，湖北省武汉市政府与中金数据系统有限公司、华为公司签署协议，三方将在武汉市智慧城市建设与运营战略方面，进行深入合作。中金数据和华为将在武汉市政府的支持下建设武汉超算（数据）中心，为武汉市的电子政务、智慧城市、工业设计、生物化学、新材料等产业提供大规模计算和海量存储等服务。中金数据与华为还将共同搭建武汉城市云，集软件开发云、电子政务云、公共服务云、金融服务云、工业云、灾备服务云、智慧园区云于一身，落实武汉市智慧政务、智慧城管、智慧医疗、智慧农业、智慧交通、智慧生活、智慧居家养老以及智慧商贸物流等各个领域的建设。武汉智慧城市展示中心也将由中金数据和华为共同建设，未来将成为武汉云计算和大数据产业发展以及智慧城市建设成果的展示窗口，成为武汉市智慧城市建设的创新“名片”。

安徽省马鞍山市花山区围绕马鞍山市智慧城市建设，以互联网思维推动发展互联网产业，加快打造面向全国的金融服务外包基地和云计算大数据平台。建设华拓金融服务外包（马鞍山）交付基地项目，为全国的金融行业提供业务流程外包服务。东华软件股份公司与市农商行合作，在马鞍山软件园建设“一平台四中心”（即云计算平台、呼叫中心、银行后台服务中心、互联网金融中心、金融培训中心）。一期工程建设云计算平台和互联网金融中心等项目；二期建设智慧城市云平台，包括智慧医疗、智慧公安、智慧交通、智慧社区、智慧教育等。

安徽省合肥市庐阳经济开发区引入合肥蓝石信息科技有限公司，面向气象行业信息资源与通信网络现状，与省气象局、淮河水利委员会等合作，通过一套完整的分析软件，对每日的气象水文数据进行监测和存储；然后通过算法将传统的人工经验变成各种模式、模块，形成专业气象分析模型，企业目前服务水利、航空、交通、国土资源等多个行业领域。为打造大数据园区，庐阳经开区按照庐阳区“1341”战略的发展思路，以科技产业园建设为载体，积极打造大数据产业项目引进和培育的空间平台，积极推进全省首个以DT（数据处理技术）产业园区的建设。为加快大数据项目落地，庐阳经开区参考贵阳经验，试行示范楼宇运营模式，利用阜阳北路沿线高层楼宇的空置资源，打造庐阳区大数据应用示范大楼。同时，鼓励合肥汇众知识产权管理公司和安徽中汽集团合作项目的推进，利用中汽在阜阳北路东侧已建成楼宇，推动大数据知识产权公共服务、交易运营等中心建设，并向大数据交易服务业务扩展，逐步形成区域性大数据交易服务中心，从而在大数据应用和交易上形成产业链条，提高大数据项目引进、服务等各方面的效率。

2015 年，江苏省常州市政府与百度公司签署战略合作协议，双方在大数据产业和建设常州“大数据产业之都”等方面形成战略共识，将整合发挥技术、资本、城市服务、基础设施、产业发展环境等方面优势，在大数据分析应用、无人汽车和智慧城市等方面展开全面合作。根据协议，双方将首先在钟楼经济开发区共同建设百度大数据产业园，以产业园为支点，同时开展无人车项目和智慧城市项目等合作。

上海贝格数据与贵安新区携手共建贵安大数据小镇。双方将合作共建贵安数据小镇，规划人口一万，年产值 30 亿元，目标成为中国最大的大数据采集与清洗基地，实现互惠互利、合作共赢。

安徽省淮南市结合本地资源和产业特点，建设国家煤矿安全大数据中心，以 110 余年煤矿开采实践数据、100 余对矿井科技服务数据等为基础，开展数据集成、加工、分析、研究，提供安全智能产品和技术方案，带动相关产业营业收入。

2015 年，“中国・扬州云计算中心”项目正式开工建设，计划分三期建成，建成后将达到机房容量 1 万个机柜、机房实用面积 10 万平方米的规模，成为华东地区规模最大的云计算中心。金山云作为目前中心最大的客户，主要是为小米手机提供后台数据支撑服务，最终建成金山软件的云数据中心华东基地。

## 二、大数据在企业经营发展中的运用

2017 年，广汽集团与腾讯公司签署战略合作框架协议。根据协议，双方将在车联网服务、智能驾驶、云平台、大数据、汽车生态圈、智能网联汽车营销和宣传等领域开展业务合作。云平台和大数据方面，双方将共同推进智能网联汽车云平台、企业信息化基础云平台、大数据研究与应用、广宣等领域的深度合作，充分利用腾讯在云计算领域的领先技术、人工智能、大数据处理套件和海量事务处理的能力以及平台优势，打造具有行业领先竞争力的智能网联汽车产品。

随着大数据时代的来临，越来越多鞋服产品的开发和生产有了大数据的支撑。如在普通的童鞋，加入定位系统，再加上基于百度地图、云存储的数据采集和分析系统，家长就能通过智能手机随时获取孩子的位置。这款儿童智能防丢鞋是福建省泉州市的361°与百度正在共同开发的产品。361°与百度联合成立了“大数据创新实验室”，共同研究和管理用户真实的数据，研发和生产基于用户需求的数字化产品。除了智能童鞋，还将陆续推出其他智能产品，这一系列智能产品的研发都将基于大数据背后用户需求的抓取和用户生活形态的识别。

2014 年，山东的红领集团靠定制服装实现了 150% 以上的同比增长。客户登录红领的“私人定制”客户端入口，选择身体 18 个部位的 22 个尺寸，根据配图提示，不同部位的样式、扣子种类、面料，乃至每条缝衣线的颜色可以随意搭配。这样，不超过 10 分钟，就可以完成一件为自己设计的西装款式。在线付款、提交，自己设计的西装就会通过电子商务平台跟随电子标签进入工厂车间的流水线。从接单到发货，只需要 7 个工作日。而这一快速定制服务的基础，正是红领在 10 多年中积累的超过 200 万名顾客个性化定制的版型数据库，包括款式和工艺数据。

山东省青岛市依托酷特智能公司等龙头企业，大力开展数据驱动的智能工厂解决方案研发推广应用，提升传统制造业的智能技术应用水平，推动传统产业向价值链高端演进。酷特智能公司提出构建互联网平台进行集成设计、协同制造、在线营销的思路。酷特智能公司依托大数据、云计算、物联网、人工智能等技术与理念，研发了个性化服装定制互联网平台——“酷特C2M平台”，这一模式实现了订单提交、设计打样、生产制造、物料供应、物流交付等一体化，使客户、供应商、工厂、物流等紧密连接，打破了个性化与高效率互相矛盾的定律，最终实现了大规模个性化定制。

江西省一亩茶园于2015年提出了“智慧农业全产业集成商”的全新概念，研发“智慧农业24小时可视溯源系统”，这套智慧农业追溯系统通过传感器数据对种植环境进行大数据收集、分析，实现病虫害预警，通过农技知识库指导种植和种植、生产、加工过程的标签管理实现溯源监督，弥补了传统农业靠天吃饭、广种薄收的不足。而消费者可以通过实时监控了解农事作业，还原作物生长过程，达到安全放心。这一技术手段将打通农业生产、检验、监管和消费各个环节，为一亩茶园的会员提供了信任依据，从源头上保障农业生产的有序安全，确保产品从田间到餐桌均有据可查。

陕西省西安市美林数据挖掘中心的工程师综合某一地区经营企业历史售电量数据、区域历史天气数据、区域历史经济发展指标数据等多种数据，通过多种大数据算法，准确测算出这个区域未来一年每个月份的售电量。预测数据和实际数据的误差只有1%。大数据正在转化为现实的生产力，蕴藏无限潜力。

## 三、政府开放数据孵化大数据企业

2015年9月，贵阳市交通大数据孵化器开通。贵阳市公安交通管理局将在该平台上开放近2000GB数据，创客可在创业初期通过交通大数据孵化器免费获取数据和云计算资源。随着贵阳市大数据产业的发展，大数据交易中心、“数据铁笼”等一系列项目陆续落地，贵阳市大数据战略不断深入和扩展。在此背景下，贵阳市建立交通大数据孵化器，主动向市场开放交通数据，建立起集数据、计算、网络、商务于一体的新型创业孵化平台，为企业创新、大众创业提供服务和支撑，着力打造贵阳市交通大数据产业发展聚集区。交通大数据孵化器打造了数据管理、计算资源和孵化交易三大平台。作为国内首创的由政府部门建立、以免费提供计算资源和数据资源的方式开放交通大数据的平台，贵阳市交通大数据孵化器创新数据开放、交易、应用的模式，并创新产业孵化方式，将对引领数据开放、助力创业创新、提升交通服务能力、聚集数据产业和挖掘数据多元价值起到积极影响。

**以教育与人才培训促进数据产业发展**

贵州省成立大数据产业职业教育集团。据了解，贵州大数据产业职业教育集团首批成员单位包含贵州交通职业技术学院、贵州轻工职业技术学院、贵州省旅游学校等近60所高、中职院校以及贵农网、贵州绿云科技有限公司、华为技术有限公司、联想集团等40余家省内外著名企业。成立后的贵州大数据产业职业教育集团，将整合共享教育教学资源和企业资源，实现职业资格和培训考核鉴定、职工岗前在岗培训以及实验室、实习基地、图书馆、学报学刊等资源共享。实现中职与高职、职业院校与对口企业的人才培养对接。

2017年1月，贵阳市打造大数据云教学基地，贵阳安艾艾迪大数据云教学实训基地正式挂牌成立。贵阳市高新区与印度国家信息学院（英文简称NIIT）于2016年11月签署的合作协议，NIIT在贵阳市建立了贵阳安艾艾迪大数据云教学实训基地，可为贵州省大学生、职场人士及政府公务员开展大数据培训，计划每年培训2000名以上大数据精英人才。贵州5所高校将设“数据科学与大数据技术专业”。教育部日前公布2016年度普通高等学校本科专业备案和审批结果，贵州省5所高校的“数据科学与大数据技术专业”进入该名单。其中，“数据科学与大数据技术专业”获批的高校有5所：贵州大学、贵州师范大学、安顺学院、贵州商学院、贵州理工学院。

**政府利用大数据提升为企业服务的水平**

2016年，广东省经济和信息化委员会与海关总署广东分署在广州签署《促进广东省制造业大数据应用合作协议》。双方将利用大数据思维和技术，共同推进广东省海关商品进出口数据与制造业相关数据的汇聚、应用，实现对广东省制造业的精准监测预警，并将其塑造成为广东省利用大数据“推动宏观调控科学化”的品牌项目，形成建设“珠江三角洲国家大数据综合试验区”的一项探索经验，扩大广东省大数据工作的影响力。

广东省东莞市环保企业通过互联网为客户搭建信息沟通的渠道，公司只需要在平台上发布自己的消息，后续的繁杂手续由平台来解决。企业可以通过能效管理软件随时查看数据，实现数据横向和纵向对比，比较能耗情况，改进企业能源管理，实现设备、工艺、日常管理等多个方面的改进。

江苏省徐州港建立电子商务平台，通过对商流、物流、资金流、信息流进行有效整合，为客户提供关于大宗货物和物流供需等各类商业信息，解决信息不对称问题，将以往的港口线下服务通过“互联网 +”联系起来，为客户提供全程供应链服务，带来了更多的商机。徐州港电子商务平台有效整合港口货源、运力、交易、价格、质量、需求等交易信息；建立了内河船舶数据库，目前已经建立 6817 条船队资料信息，并和中国交通通信信息中心合作，完成了 AIS 船舶位置管理系统 API 接口开发，实现多种运输工具的线上物流管理。如徐州港务集团下属港口联系了 1 万吨小麦货源发到广州，需要内河运输船舶先运送到长江港口集港换装海轮运输到广东东莞。由于小麦是散装货物，受天气影响较大，货主要求必须尽快落实运输船队，实现货物直取作业，否则港口将失去该批中转业务。港口业务部门把运力需求发布到电商平台以后，电商平台根据客户的需求情况，通过船舶档案大数据，迅速为客户匹配了合适的船舶，并迅速集港配货，实现了货主要求的小麦在港口不落地直接上船的业务要求，提高了装卸效率，减少了货物损耗。

**大数据在促进产业发展中的运用**

**大数据促进农业发展**

湖南省湘西土家族苗族自治州松柏镇利用农业大数据与电商平台，使产品的简介、认证、农事、加工、配送记录及生长图片、视频、从农场到餐桌的整个过程均可溯源，这样的信息溯源也将应用在每一个农产品身上。农业农村大数据（生产的商品的一系列信息）与电子商务平台进行信息对接，获取市场需求信息，通过农村信息宣传 LED 屏和短信将市场需求信息发布到农村及农户个人。农户收到信息后，只需联系产业经纪人，就可坐在家里完成一次交易。如此一来，原本滞销的农产品畅销网络。

2017 年，新疆维吾尔自治区在新疆建设“农业农村大数据分中心”。该平台包括农产品产销系统、产量分布信息系统、供求发布信息系统、茬口计划大数据服务系统等多个系统，将为新疆农牧产品投入品管控、生产环节管控以及农产品检测等产业链各环节提供有效支撑。该平台投入使用后，还将推动产销对接，实现产地农产品进社区、市民进菜地，以此减少中间环节，拉动休闲农业的发展，满足消费者购买本地高品质蔬菜的需求，实现本地化供给。农民可以利用大数据分析比对，调节种植养殖计划，科学地决定种养什么、种养多少。

**以大数据促进旅游业发展**

在旅游业领域，政府可以收集和运用客流量、客源地、旅游轨迹和消费行为等大数据源，通过数据实时分析、趋势分析等大数据技术，从而实现客流量预警、精准营销等功能。具体见表7－2。

**表7－2　大数据在旅游业发展中运用的原理**

| 大数据源 | 数据处理 | 功能实现 |
| --- | --- | --- |
| 客流量、客源地、消费习惯、驻留时间、旅游轨迹、视频监控数据、交通拥堵数据、高速卡口月累计数据等 | 实时统计分析<br>客源地分析<br>数据整合 | 客流量预警、精准营销、旅游舆情管控 |

安徽省池州市通过池州移动搭建的“智慧旅游”项目平台，根据大数据分析发现，来石台游玩的游客多是来自江浙地区。对此，石台县旅游发展委调整营销策略，对山东、湖北加大宣传，开拓新市场。根据大数据开展有针对性的宣传，大大提升了石台的知名度。2017年，山东游客人数从以往的几千人上升至三万人，湖北游客从近万人上升至四万多人。池州移动利用基站定位技术，依托大数据平台实现了对石台县旅游景点客流量实时统计分析、客源地分析、客流量预警、手机App监控等功能，助力石台县旅游发展委实现智慧化旅游服务管理。目前，该平台已覆盖石台县7个热门旅游景区，实现了全市首个“智慧旅游”景区，进一步推动了池州市“智慧旅游”规模发展。如今，随着“智慧旅游”平台功能的完善，景区的管理变得轻松起来，游客们的游玩过程也变得更加便捷有趣。下一步，石台县旅游发展委会依托“智慧旅游”平台，将景区、酒店、旅行社纳入统一管理，旅客只要动动手指在网上搜索，所有景点的“食住行游购”信息全部显现，实现“一部手机玩石台”的设想。

2017年，甘肃省张掖市高台旅游搭建大数据平台助推“智慧旅游”。该平台可实现运营商用户、互联网搜索及多渠道数据采集，并进行实时整理、分析，可以从旅游目的地、旅游企业、游客等多维度整合数据，包括客源分布、游客分析、旅游驻留时间等。截至目前，县内所有旅游产品均已实现电子商务化，并已初步实现旅游产业数据化监测。此外，门票数据、游客数据、旅游团队数据、电子行程单、住宿数据、旅游大巴GPS数据、电子商务数据、报送数据等旅游产业业务数据的整合工作也在逐步推进。智慧旅游大数据平台的启用，为高台县旅游业发展决策提供科学准确的依据，进一步提高旅游行业监管工作的效率和水平。

福建省龙岩市依托大数据建设“智慧旅游”城市。龙岩市旅游局依托“数字龙岩”电子政务公共服务平台，构建旅游公共信息服务平台，实时获取并有效整合旅游供应商、移动通信运营商、交通运输场站客运中心、A级景区及相关部门（交通、气象、环境监测预报、公安、消防、救援等）的游客动态数据资源，建成游客动态数据库，支持游客时空分布数据的动态采集、整合、分析、利用和发布，实现智慧旅游有关领域和单位之间的信息资源共建共享、互联互通。同时，龙岩市拓展旅游公共服务体系，建设龙岩旅游信息大数据，实现对景区现有监控系统进行智能化改造。在景区（景点）主要入口和通道部署客流统计分析仪，能够汇聚实时、直观、准确的游客流量数据。对全市旅游景区视频监控系统进行联网，做好景区视频监控联网的数据对接，将景区的视频监控数据汇聚传输到市旅游应急指挥中心视频监控联网平台，为景区监测、游客疏导、灾害预防、指挥调度提供通信保障，当发生突发事件时能及时、快速、准确地获取现场视频图像信息，有效提升景区应急反应速度和处置能力。

2016年，云南省丽江市与九次方大数据达成合作，签订了《旅游大数据产业发展战略合作框架协议》，双方依托丽江优质旅游资源，以提升丽江旅游品质为目标，以推动丽江旅游产业转型升级、打造全域旅游为突破口，积极探索全国旅游大数据标准模板，携手打造旅游大数据平台、旅游大数据创新应用展示中心、大数据创客小镇、丽江市大数据研究院、丽江旅游大数据中心等项目，意在为丽江跨越发展注入新动能。2017年，丽江市旅游大数据产业有限责任公司先后启动并完成了丽江旅游大数据顶层设计、旅游大数据中心、旅游大数据展示中心等重大项目建设，为实现丽江旅游智慧化发展提供了良好的平台与基础。

安徽省六安市通过通讯公司平台，利用大数据分析技术，通过人流量预警短信服务，及时对游客进行人流量预警，帮助旅游监管部门实时了解全市游客接待情况和重点景区运营状态，并引导游客合理安排旅游线路，保障游客旅游活动质量和人员安全。本次建设的风景区视频监控系统采用带人流统计功能的摄像机和平台软件，通过现场采集人流量数据，实现了与大数据平台的实时传送和数据校准。安徽省六安市打造“智慧旅游”城市，实现对全市3A级以上旅游景区、景点的游客情况数据监测分析及短信预警、手机App实时查看景区客流情况、旅游情况数据统计分析等多种功能。“智慧旅游”是利用云计算、物联网等新技术，通过互联网/移动互联网，借助便携的移动终端上网设备（手机、平板、电脑等），主动收集旅游资源、旅游经济、旅游活动、旅游者等方面的信息，并实现信息的及时发布，让游客和消费者能够随时随地了解、掌握与旅游相关的信息，及时安排和调整工作与旅游计划，从而达到对各类旅游信息的智能感知、方便快捷、高效利用的效果。

2016年，江苏省衢州市开化县全域旅游大数据中心正式亮灯启动。在开化县全域旅游大数据中心的操作平台上，景区热力图、游客来源地、游客人数统计、景区实时监控、开化旅游基础设施、交通拥堵数据、高速卡口月累计数据分析、消费分析等内容一目了然。大数据中心启动后，不仅可以帮助旅游部门对景区实行安全管控、对人流密度进行监控，做出最权威的信息发布和客流应急，还可以对照数据做出精准的舆情分析和市场分析，有针对性地实施旅游宣传推广。

新疆维吾尔自治区应用卫星助力新疆旅游。2016年3月，丝绸之路经济带旅游集散中心获国家发改委授权，开展基于国产卫星的大数据综合应用服务平台建设工作，这是国产卫星通信、北斗导航、卫星遥感、电子地图等自主空间技术在“一带一路”信息服务领域的首个综合应用项目。该平台指挥中心启动后，通过数据汇聚和集中，将逐步形成一个以旅游数据为核心、其他行业数据为补充的卫星大数据库，实现旅游舆情监控、突发事件预警、应急指挥管理等功能。未来，游客可以通过电子商务平台终端，搜索景点信息、自动规划路线、预订“吃住行游购娱”相关服务；在旅游中，实时对当前位置进行定位、导航，播放景点导游讲解信息，凭借多语言支撑服务与当地居民进行无障碍沟通；一旦出现安全事故，即便在无人区，也能通过北斗便携终端手持机，一键报警，迅速获得救援；

而旅游从业者通过旅游集散中心游客的集与散数据，可以迅速分析出当天游客接待量、逗留时间、旅游消费、旅游收入及票务等重要信息，以优化自己的产品或服务。

西藏自治区将建立全区统一的旅游基础信息数据库，推进旅游信息的自动化采集，全面收集涵盖旅游资源、旅游要素、气象监测、公共安全、游客动态、生态环保等相关信息，为加强旅游业的实时动态管理提供依据。“十三五”时期，自治区将着力构建全区旅游产业运行监测平台，建立旅游与公安、交通、统计等部门数据共享机制，最终形成旅游产业大数据平台。争取到2020年，实现全区所有旅游大巴、交通重要节点、4A级以上旅游景区及客流集中区、环境敏感区的客流、位置、环境的实时监测。

安徽省黄山风景区共启用110个智能监控点，36个信息化系统和“大数据”保障旅游安全。整个系统包含多个模块，有人流量监控模块，也有交通管理模块，每个模块都有专人监控。景区还通过车牌识别系统、电商平台等信息共享，多渠道掌握游客对旅游要素的需求特征，对目标游客的类型、消费偏好、获取信息渠道等进行数据分析，锁定旅游营销目标，用大数据支撑景区精准营销。

**大数据领航智慧商业发展**

江苏省无锡市领跑大数据智慧商业。无锡是全国率先开展大数据智慧商业实践的城市。据称，大数据智慧商业将生产商、销售商、服务商和消费者实现系统链接，构成一个庞大的商众联盟和利益共同体，以此最大限度地实现按需供给、按需消费，达到供需平衡。这样的好处在于通过消费数据的采集，提前知道了消费者下一步要买什么，进而提前通知消费者我这里有你要买的东西。而消费者会发现大数据智慧商业提供的信息比较符合自己的偏好和购买能力，从而大大提高了购买成交率。实体店的消费者正通过大数据智慧商业精准找到所需商品，而商家又能通过消费数据的采集进行有针对性的营销。比如一对新人到薇薇新娘婚纱影楼拍了婚纱照，大数据智慧商业平台系统通过商家买单系统实时采集到这对新人消费后的数据平台智能营销系统迅速分析判断该消费者后续消费需求后，即时发送奖励和追销短信，邀请他们到红星美凯龙购买家具，到红豆家纺选购床上用品，到国美电器选购家用电器，到希尔顿酒店摆酒席。如果他们在红星美凯龙购买了中式家具，说明他们偏好中国传统文化，就推荐他购买红豆家纺的中式家居用品。如果他们仅花费2000元拍摄婚纱照，说明他们购买能力有限，就推送低价打折电器。在这个案例中，消费者获得了精准的婚庆消费信息，商家也能精准定位到要结婚的消费者，既节约了因为盲目而浪费的广告及促销费用，又提升了经营业绩。

自从大数据智慧商业在锡运作以来，全市已有超过80万人成了e消费会员，而且吸引了国美电器、红豆集团、红星美凯龙、希尔顿酒店等1230多家商业企业加盟，涉及商超、百货、电器、家居、建材、饮食、休闲、娱乐、旅游、医药等各行各业。部分企业的营业额因此而增长了30%—50%，一些超市营业额增幅甚至超过200%。

**以大数据促进医疗卫生行业发展**

2016年，黑龙江省哈尔滨市南岗区政府建设医疗大数据中心。致力于医学影像大数据分析和存储，建立人工智能诊断系统，未来将实现机器对病人进行诊断，也就是推出所谓的“机器人医生”。该中心的建设可推动国内智慧医疗建设，从“方便诊疗”走向“帮助诊疗”。

贵州省依托大数据成立云医院服务公司。贵州云医院服务公司，由贵安新区管委会、贵州医科大学、贵医大附属医院、东软熙康健康科技有限公司、贵州信邦制药股份有限公司五方合资合作成立，致力构建医疗健康大数据和云医院运营服务平台项目。该项目依托大数据、物联网、互联网、传感器等信息技术支撑，利用云医院平台，在贵医大所属医院及联盟医院开展根据疾病轻、重、缓、急和治疗的难易程度分级诊疗，整合同一区域医疗资源的医联体、医生多点执业、家庭医生服务、健康管理等医疗服务；通过对服务对象数据采集来构建医疗健康服务生态系统，拓展医疗资源接入云医院平台，帮助从事医疗健康服务的机构和医生开展协同医疗及健康管理服务，让专家级医生的“秘籍”更广泛地普及；帮助基层医生开展更多、更高质量的服务；让高质量医疗服务走向基层和家庭；使政府和保险公司能真正实现对医疗费用的控制。

广东省健康医疗大数据产业园是顺德区人民政府与南方医科大学战略合作的重要组成部分。该产业园依托顺德产业基础和政策环境，借助南方医科大学、医学大数据中心、相关医疗机构的科研、人才优势，搭建“政、产、学、研、医、用”合作平台，将集聚和孵化一批健康医疗大数据研发、应用及产业化的创新型企业，致力打造成为国内有影响力的大数据专业孵化器、加速器和产业园区。引入健康亭、远程母婴社区、智能胶囊胃镜系统、远程健康医疗与疾病风险评估系统、基于医学图像大数据的肿瘤精确诊断系统、区域卫生信息平台等一批云健康、大数据产品，为市民提供准妈妈在家就可以监测宝宝胎心，肿瘤患者在顺德就可以享受远程专家会诊，小区居民在社区健康亭里就可以做健康体检等便捷高效的医疗服务。产业园以医学大数据为基础建立，方便了民众的生活。

**以大数据促进金融业发展**

在金融业领域，银行可以收集和运用客户资产状况、消费能力和企业经营状况等大数据源，通过建立数据库、搭建云平台等大数据技术，从而实现在线信用评估、"纯线上"信贷等功能。具体见表 7－3。

**表 7－3　大数据在金融业发展中运用的原理**

| 大数据源 | 数据处理 | 功能实现 |
| --- | --- | --- |
| 客户资产状况、消费能力、投资风险偏好，企业纳税信息、纳税信用等级，企业产、供、销及财务相关物流、资金流和信息流、信贷产品信息等 | 建立数据库、搭建云平台、企业盈利能力分析、客户信用分析、数据整合 | 在线信用评估、"纯线上"信贷、"秒贷"式授信服务、多样化融资方案 |

重庆市借力大数据打造金融后援服务中心。金融后援服务中心，是指与金融机构直接经营活动相分离，为前台业务提供支撑的业务部门，其对信息、数据处理有着极高的要求。运用大数据、云计算等互联网新技术，使得银行信贷员只需在移动终端设备上输入贷款者的身份信息、企业资料，很快就能看到银行后台服务系统传回来的信用评级报告，随后决定是否放款。这种云平台运用大数据技术，通过收集、处理和分析海量个人、企业信息，为金融机构开展业务提供决策参考，从而降低金融机构运行成本、提升其竞争力。银行也能据此准确掌握大量客户的消费能力、资产状况、投资风险偏好等信息，进而在信用卡、理财业务等方面精准地选择客户。今后，重庆本土的银行、担保公司和保险公司等金融机构，将陆续把数据中心、呼叫中心和客服中心等后台服务放进来，集中享受标准

化、一站式的软硬件服务，并实现信息共享。

重庆市银行打造大数据金融风控平台破解小微企业融资难题。一是重庆银行联合成都数联铭品科技公司打造的大数据金融风控平台“Holo Cfedit”成功上线，凭借大数据分析与建模技术，实现对小微企业在线信用评估，打破小微企业有效信息少、信用评估难这道融资瓶颈。二是推出“数 e 融”系列小微企业贷款产品，小微企业无须任何担保，仅通过信用评分即可获得信用贷款。三是将贷款申请、审核、放款等流程搬到线上，实现了针对小微企业贷款的“纯线上”信贷操作。

广东省珠海市华润银行推出一款为中小企业量身定制的“伙伴成长计划”金融产品。这款创新金融产品的设计理念是通过与企业 ERP 系统对接，获取企业经营信息，在掌握企业真实经营情况下，为中小企业客户提供长期的融资支持。将企业的产供销和财务管理都纳入 ERP 系统管理，ERP 系统信息真实反映了企业的经营状况，同时，系统对企业涉及产、供、销及财务相关的物流、资金流和信息流进行管理，银行可以通过这些经营数据分析企业经营趋势，判断企业的盈利能力。对企业财务信用状况了如指掌，银行为其提供信用贷款就有了保障。利用大数据，珠海华润银行轻松地破解了银企信息不对称的难题，企业数据变成信用，良好信用可以让“贷款难”迎刃而解。珠海市华润银行通过将金融产品与企业 ERP 系统相连接，获取企业的经营信息，然后根据这些经营数据分析企业的经营趋势，判断企业的盈利能力，为其提供信用贷款增添保障。

江西省新余市依靠大数据创新中小企业信用担保，一边为供应链下游的中小企业建立数据库，通过专业的数据分析为企业量身打造融资方案；一边对接供应链上游的金融机构，整合各项融资信贷产品，满足企业融资需求。300 个企业数据库是担保中心的无形资产。新余市担保中心正积极推进将银行业金融机构、证券公司、信托公司、保险公司、小贷公司、评估公司、典当机构、民间融资服务机构、产权交易机构、风投机构、创投机构、融资租赁机构等各类机构集中在一起，为有融资需求的中小微企业提供包括银行信贷、融资担保、股权融资、产品定制、供需对接、项目扶持、实体展示、信息咨询、委托代理、融资租赁、典当等一站式和保姆式服务。这样可以将分散的资源集中，实现多样化的融资组合，开拓出中小企业直接融资新渠道。

2015 年，为切实帮助小微企业破解融资难，江苏省泰州市国税局与江苏银行泰州分行合作，将国税系统大数据平台产生的企业纳税信息、纳税信用等级与银行提供的金融产品服务相结合，通过大数据分析，对企业发放信用贷款。该市的小微企业纳税人可以通过在线登录国税网上办税厅选择“小微企业税银互动服务”，将涉税数据传递给银行网贷系统，经银行数据库自动审核后，符合条件的纳税人可在线获得免抵押、免担保、免服务费的“秒贷”式授信服务。

江苏省无锡市住房公积金管理中心联合中信银行推出中信银行公积金缴存人网络信用消费贷款，通过与住房公积金管理中心数据对接，向符合贷款条件的客户发放用于购车、装修、购物等消费用途的个人信用贷款。中信银行相关负责人介绍，该行采用大数据处理技术，从多维度对借款人资信进行综合评价，并依托其自主设计的在线贷款审批系统对借款人情况进行实时分析，可全自动、全线上地完成客户的综合信用评价。

# 第八章　中国地方政府大数据运用的总体情况

总的来看，我国地方政府在优化公共服务、改善社会管理、提升内部管理水平和促进经济发展方面均使用了大数据技术。从手段看，地方政府所使用的大数据技术手段主要包括数据整合、数据分析和搭建大数据中心等。从地域分布看，较多使用大数据技术的地方政府主要集中在华东和华南的经济发达地区。

## 一、公共服务领域的大数据运用

从本书收集的个案材料来看，地方政府主要在教育、社保、扶贫、养老、体育、文化、气象、医疗、旅游等公共服务领域运用大数据，以提高服务效率和服务质量。具体比例详见图 8－1。

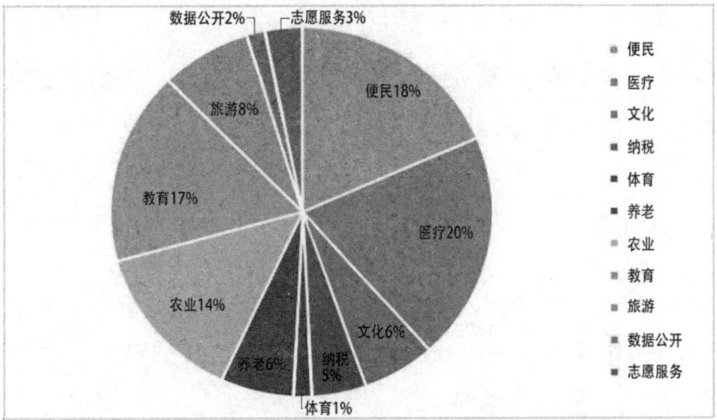


图 8－1　公共服务大数据运用百分比图

由图 8－1 可知，地方政府较多使用大数据的公共服务领域为医疗、农业、教育和便民服务，而在体育和政府数据公开的服务领域则较少。

在地域分布方面，公共服务领域大数据运用的地域分布较为广泛。但是，大数据运用主要还是集中在华东和华南等经济发达地区。

在技术手段方面，公共服务领域大数据运用的主要手段为搭建数据平台、数据信息共享、大数据分析等。具体比见图 8－2。

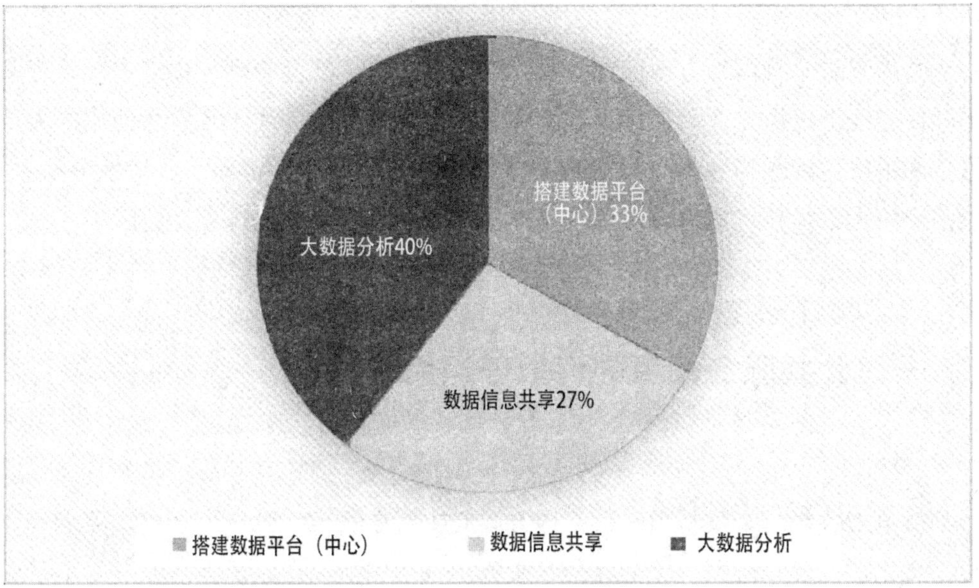


图 8－2　公共服务领域大数据运用手段比例图

在各项手段中，大数据分析是运用最多的手段，其次是搭建数据平台。相比而言，数据共享手段运用较少。见图 8－3。

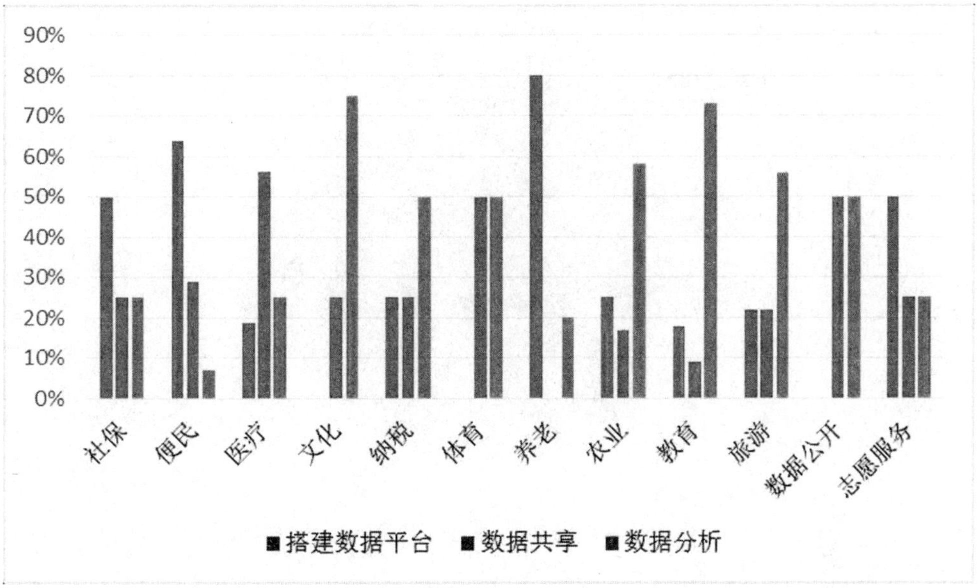


图 8－3　不同公共服务领域对大数据手段的偏好

可见，不同的公共服务领域对大数据手段使用呈现不同的偏好。社保、便民和养老领域主要是搭建数据平台，文化、税收、教育等领域主要使用大数据分析，医疗、体育则侧重于数据信息共享。

## 二、政府内部管理领域的大数据运用

从本书收集的个案材料来看，大数据在地方政府的廉政、审计、数据共享、干部管理、行政审批改革等方面得到运用，提高了管理效率和质量。具体见图 8－4。

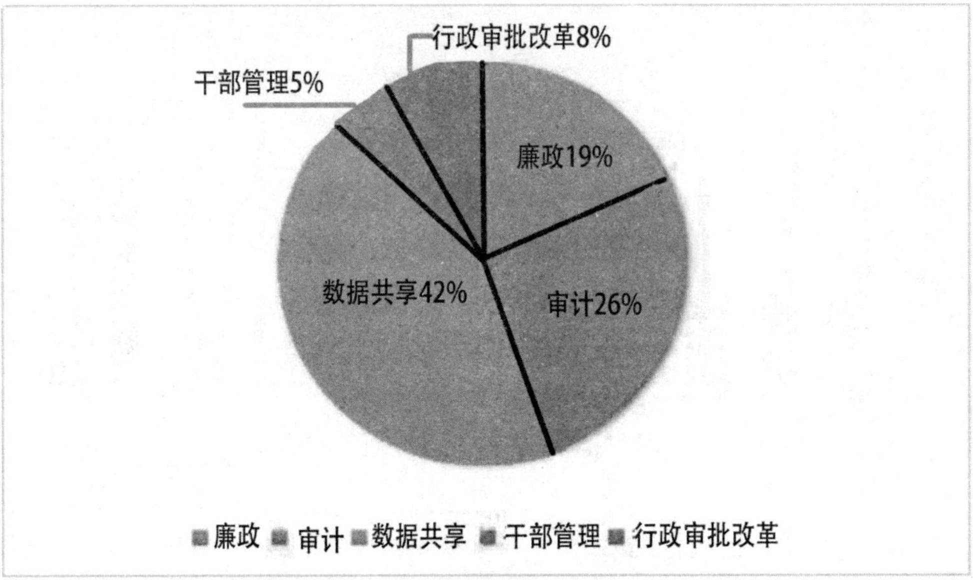


图 8－4　政府内部管理大数据运用的比例图

在地域分布方面，政府内部管理大数据运用的分布较为广泛。但是，大数据运用较多的仍属经济发达地区。

在技术手段方面，地方政府内部管理大数据运用的主要手段包括搭建数据平台、数据整合、数据信息共享、大数据分析。各手段运用频率占比具体见图 8－5。

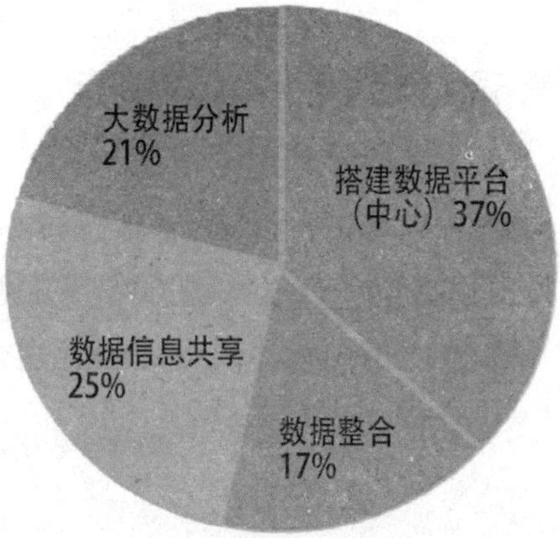


图 8－5　政府内部管理大数据运用手段的比例图

政府内部管理的不同领域对大数据使用手段呈现不同的偏好。廉政领域主要为搭建数据平台、大数据分析，审计领域主要使用大数据分析和数据共享，干部管理、行政审批改革领域主要使用搭建数据平台手段。详见图 8－6。

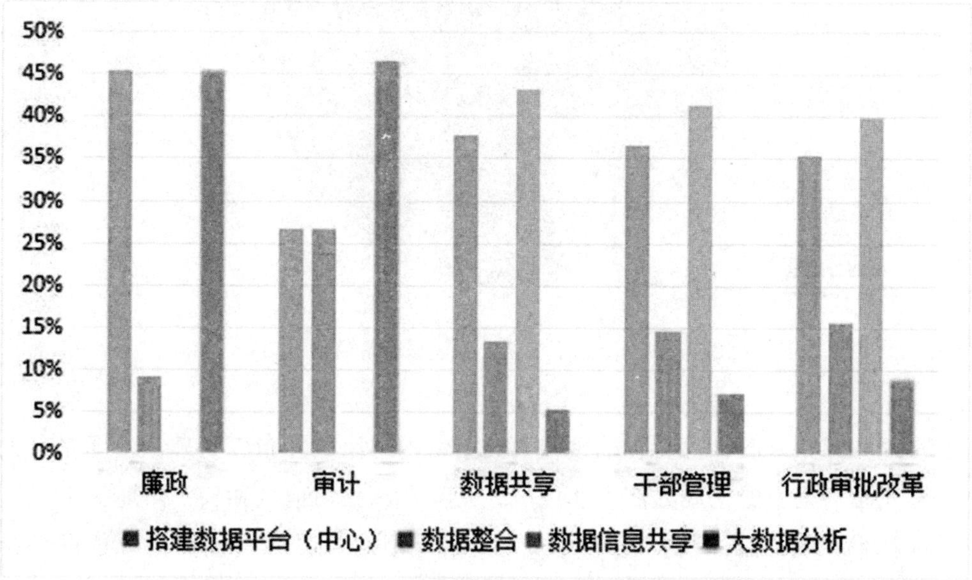


图 8－6　政府内部管理对大数据手段的运用比例图

## 三、社会管理领域的大数据运用

从本书收集的个案材料来看，地方政府在治安与警务管理、安全生产管理、城市规划建设与管理、市场监管、信用体系建设、公共交通管理等社会管理领域运用大数据，以提高管理效率和质量。具体见图 8－7。

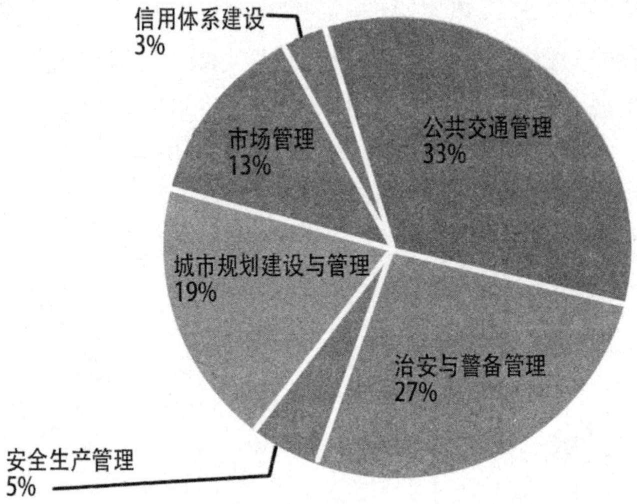


图 8-7　社会管理领域大数据运用的比例图

在地域分布方面，社会管理领域大数据运用的地域分布较为广泛。但是，大数据运用较为集中的仍属经济发达地区，尤其是珠三角地区和长三角地区。

在技术手段方面，社会管理领域大数据运用的主要手段包括搭建数据平台（中心）、数据收集、数据整合、数据信息共享、大数据分析。具体见图 8-8。

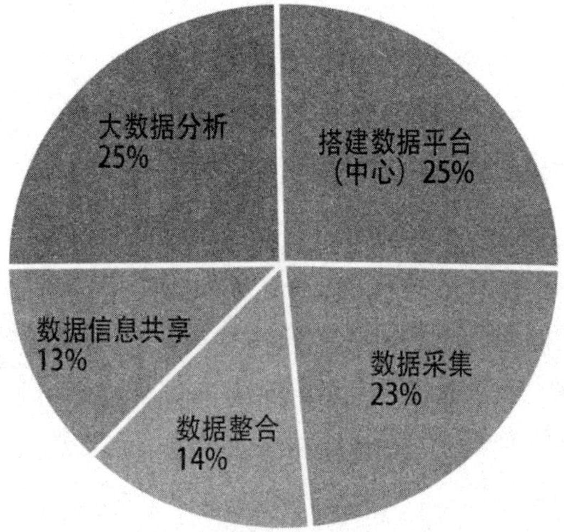


图 8-8　社会管理领域大数据手段比例图

社会管理的不同领域对大数据手段的使用呈现不同偏好。安全生产管理领域侧重搭建数据平台，信用体系建设和公共交通管理领域主要使用大数据分析。具体见图 8－9。

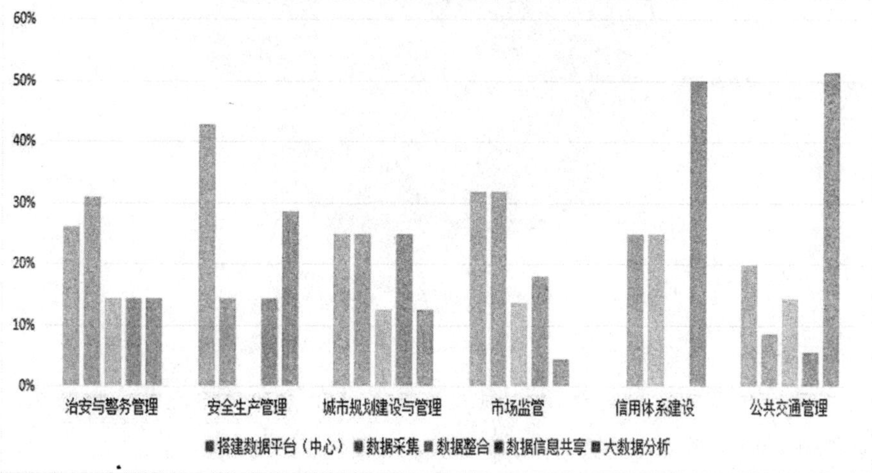


图 8－9　社会管理领域对大数据手段运用的比例图

## 四、经济发展领域的大数据运用

从本书收集的个案材料来看，地方政府在企业运营、企业孵化、企业服务、人才培养、农业、旅游业、智慧商业、医疗卫生、金融业等经济发展领域运用大数据，以促进经济发展。具体见图 8－10。

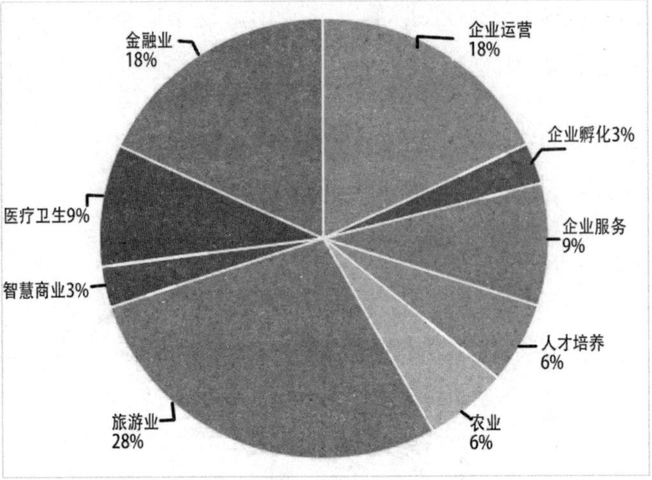


图 8－10　经济发展大数据运用百分比图

在地域分布方面，地方政府运用大数据促进经济发展的地区差异较大，长三角、珠三角地区和贵州省的应用较多，南方地区的大数据应用多于北方地区。

在技术手段方面，促进经济发展的大数据手段包括建设数据平台、数据开放、数据整合、数据分析和数据共享。其中，运用最多的手段是建设数据平台，其次是数据分析和数据整合，数据开放和数据共享最少。具体见图 8－11。

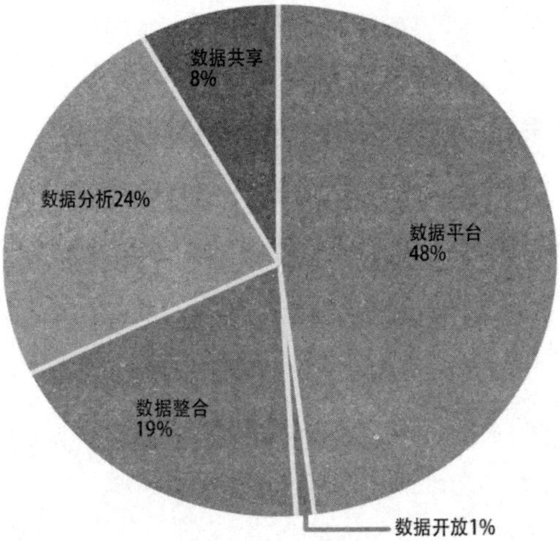


图 8－11　经济发展领域大数据运用手段比例图

不同的产业领域对大数据手段的使用呈现不同的偏好。旅游业、金融业、医疗卫生领域侧重数据分析，企业服务和农业侧重数据整合，智慧商业、企业运营侧重数据整合和数据分析，企业孵化侧重数据开放，人才培养领域的偏好不明显。具体见图 8－12。

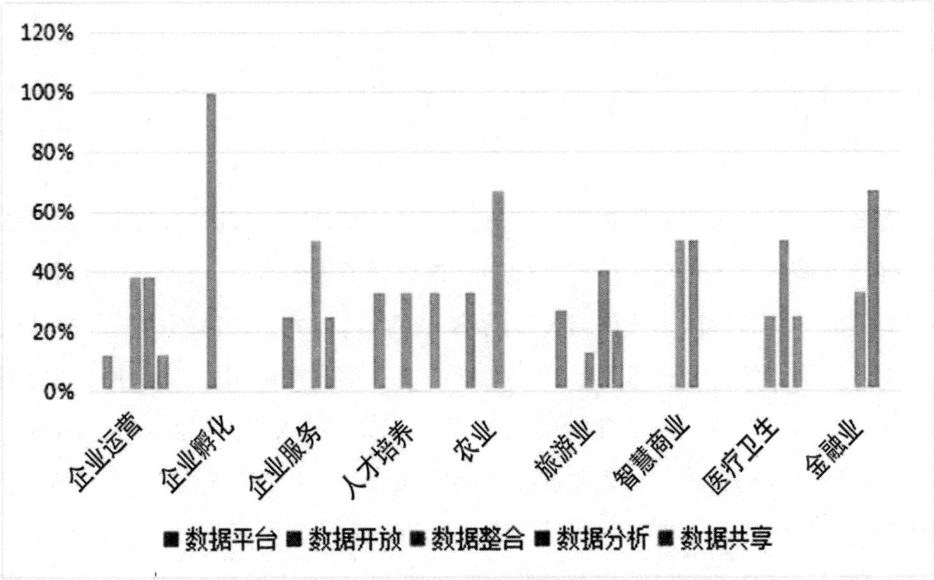


图 8－12　不同产业领域对大数据手段运用的比例图

# 后 记

著名历史学家黄仁宇曾指出，中国传统社会缺乏“数目字管理”。虽然这个观点有待商榷，但也道出了传统社会不重视数据精确的观念、处事大而化之模糊处理的侧面。究其原因，或许与传统的熟人、人情、关系、情感为基础的社会交往法则和政治、经济、技术发展相对停滞的社会背景密切相关。这种社会形态往往漠视或忽略对以数据为基础的精确管理的追求。进入21世纪以后，随着互联网、物联网、移动支付、视频监控技术的突飞猛进，中国迅速进入了“大数据”的社会。数据的极大丰富与现代社会发展和管理对精确、精细和精密的要求，使得以大数据为基础的政府管理与公共服务逐渐提上地方政府的议事日程。本书对我国部分省级和市级政府的大数据发展行动计划（纲要）的政策进行了分析，介绍了部分省市地区利用大数据手段在精准扶贫、公共服务、交通管理、社会管理、政府内部管理和经济发展方面的应用状况，描画了中国地方政府大数据运用的整体图谱。

本书的资料收集与整理人员包括张启慧、李风山、张凤平、沈涵、吕程、欧阳赫、董媛、冯薇潼、李美婷、李丽萍、文婉慧、赖前程、祁湘月、查骏盛，主要编写人员主要包括何裕捷（第一章初稿）、陈醉（第二章初稿）、张启慧（第三章初稿）、李渝（第四章初稿）、沈涵（第五章初稿）和张启慧、张凤平、吕程（第八章初稿）。陈醉、谢昕参与了全书的统稿。以上同学对本书的编写付出了大量的劳动与心血，在此致以最衷心的谢意！本书由华南理工大学公共管理学院区域发展与治理评价中心资助出版，深表感谢！

本书的案例材料主要来自地方政府的网站和一些主流网站的新闻报道，由华南理工大学2017年“学生研究计划”（SRP）项目“大数据、互联网+政务创新案例”研究小组进行查找。虽然研究人员竭力查找，但囿于并未遍及每个县区政府，实乃管中窥豹，难以反映地方政府大数据建设与运用的全貌，亦并未进行实地考证，可能与实际情况不尽一致，作者的评价也不一定很客观、全面，疏漏和偏颇之处在所难免，恳请读者予以指正。

**编者**

**2018年6月于广州**